Das Einsteigerseminar

Adobe Premiere Pro CS6

Winfried Seimert

Das Einsteigerseminar
Adobe Premiere Pro CS6

Bibliografische Information Der Deutschen Nationalbibliothek

Die Deutsche Nationalbibliothek verzeichnet diese Publikation in der
Deutschen Nationalbibliografie; detaillierte bibliografische
Daten sind im Internet über <http://dnb.d-nb.de> abrufbar.

Bei der Herstellung des Werkes haben wir uns zukunftsbewusst
für umweltverträgliche und wiederverwertbare Materialien entschieden.

Der Inhalt ist auf elementar chlorfreies Papier gedruckt.

ISBN 978-3-8266-7595-9
1. Auflage 2012

E-Mail: kundenbetreuung@hjr-verlag.de

Telefon: +49 89/2183-7928
Telefax: +49 89/2183-7620

© 2012 bhv, eine Marke der Verlagsgruppe Hüthig Jehle Rehm GmbH
Heidelberg, München, Landsberg, Frechen, Hamburg

Dieses Werk, einschließlich aller seiner Teile, ist urheberrechtlich geschützt.
Jede Verwertung außerhalb der engen Grenzen des Urheberrechtsgesetzes ist
ohne Zustimmung des Verlages unzulässig und strafbar. Dies gilt insbesondere
für Vervielfältigungen, Übersetzungen, Mikroverfilmungen und die
Einspeicherung und Verarbeitung in elektronischen Systemen.

Printed in Germany

Lektorat: Steffen Dralle
Korrektorat: Susanne Creutz
Satz: Petra Kleinwegen

Inhaltsverzeichnis

Einleitung **11**
Lernen – Üben – Anwenden 11
Über das Buch 12

L Teil I: Lernen 15

L1 Premiere Pro kennenlernen 17
Videobearbeitung am PC? 17
    Welche Ausrüstung wird benötigt? 18
    Wie sollte der Computer beschaffen sein? 23
Premiere installieren 26
Premiere Pro starten 28
    Startvorgang 30
    Der Arbeitsbildschirm 34
    Hilfe in Notlagen 43
Premiere beenden 44

L2 Projekte 45
Ein neues Projekt anlegen 45
    Allgemeine Einstellungen 48
    Videovorschau 54
    Spuren 55
    Vorgabe speichern 57
Ein Projekt fortführen 59

L3 Videomaterial bereitstellen ... 61
Analoge Medien ... 62
Digitale Medien ... 64
   Aufnahmen ... 64
   Aufnahmeplanungen ... 77
   Batchaufnahme ... 81
Digitale Aufnahmen ... 85
   Clips importieren ... 85
   Clips verwalten ... 87

L4 Videoclips arrangieren ... 91
Ein Rohschnitt auf die Schnelle: das Storyboard ... 91
   Einrichten der Clips ... 93
   Anordnen der Clips zu einem Storyboard ... 95
   Clips auswählen ... 100
Erstellen einer neuen Sequenz ... 101
   Vom Storyboard zur Sequenz ... 102
   Vorschau ... 104
Arrangements per Drag & Drop ... 106
   Mediendaten bereitstellen ... 106
   Mediendaten über Adobe Bridge bereitstellen ... 108
   Mediendaten im Schnittfenster anordnen ... 109
   Clip-Aktionen ... 118
   Clips nachträglich umordnen ... 118
   Spuren verwalten ... 122

L5 Videoclips schneiden ... 129
Harter Schnitt ... 129
   Der harte Schnitt auf einer Spur ... 130
   Harter Schnitt mit zwei Spuren ... 131
Trimmen ... 132
Schnitttechniken ... 134
   Der Schnitt mit der Rasierklinge ... 134
   In- und Out-Points ... 137
   Entfernen eines Clips bzw. mehrerer Frames ... 145

L6 Überblendungen und Filter 149
Videoüberblendungen 151
    Überblendung 151
    Einstellungen ohne Ende 161
    Videoüberblendungen 165
Videoeffekte 181
    Arbeiten mit Effekten 181
    Interessante Videoeffekte 184

L7 Audioclips einsetzen 191
So kommt der Ton zu Premiere Pro 192
    Import von Tondateien 192
    Aufnahme von Tondateien 194
Bearbeiten von Ton 205
    Einfügen eines Audioclips 205
    Monitorfenster 208
    Schnittfenster 211
    Der Audiomixer, das virtuelle Mischpult 215
    Effekte und Filter 219

L8 Videos betiteln 225
Filmvorspann 225
Bilder für Vorspann oder Titel 228
    Videobilder aus Premiere exportieren 229
    Bilder in Photoshop bearbeiten 233
    Bilder in Premiere importieren 234
Titeldesign(er) 235
    Vorarbeiten 235
    Titeldesigner 236
    Ein Titel auf die Schnelle 237
    Ein Titel handgemacht 241
    Einbinden des Titels in den Film 251
    Zwischentitel 253
    Abspann 257

L9 Videoclips abspielfertig machen **263**

Ausgabe als Datei 263
    Einstellungen für den Export.. 264
    Filmexport für den Einsatz auf einer CD-ROM/DVD
    oder Blu-ray Disc 265
    Die wichtigsten Exportformate 267
    Abspielen von Videodateien 277
Ausgabe auf ein Videoband 278
Ausgabe auf eine Disk 282

Ü Teil II: Üben **285**

Ü1 Übungen zu Kapitel 1 .... **287**

Ü2 Übungen zu Kapitel 2 .... **290**

Ü3 Übungen zu Kapitel 3 .... **292**

Ü4 Übungen zu Kapitel 4 .... **295**

Ü5 Übungen zu Kapitel 5 .... **298**

Ü6 Übungen zu Kapitel 6 .... **301**

Ü7 Übungen zu Kapitel 7 .... **304**

Ü8 Übungen zu Kapitel 8 .... **307**

Ü9 Übungen zu Kapitel 9 .... **310**

A Teil III: Anwenden 313

A1 Anwenden 315
Ein Projekt anlegen 315
Videoclips vorbereiten 323
Videos arrangieren 330
Videos schneiden 334
Videos betiteln 337
Videoüberblendungen 346
Videos vertonen 348
Video veröffentlichen 350

Glossar 351

Index 359

Einleitung

Lernen durch Anwenden! Das klingt im ersten Moment sehr nach Arbeit und tatsächlich werden Sie wohl nicht umhinkommen, selbst aktiv zu werden, um einen schnellen und dauerhaften Lernerfolg zu erzielen – und das kann Ihnen auch diese Buchreihe leider nicht völlig abnehmen.

Wie so oft gilt auch beim Arbeiten mit dem Computer:

Ich höre und ich vergesse.
Ich sehe und ich erinnere mich.
Ich tue und ich verstehe.

Treffender als mit diesem Leitwort lässt sich das Konzept der Buchreihe „Das Einsteigerseminar" nicht beschreiben: Das vorliegende Buch schafft die Rahmenbedingungen, um Ihnen diesen Weg so weit wie möglich zu erleichtern und ihn interessant zu gestalten. Eignen Sie sich mit der bewährten Einsteigerseminar-Methodik alle notwendigen theoretischen Grundlagen an, überprüfen und festigen Sie den erlangten Wissensstand durch wiederholende Fragen und Übungen und wenden Sie die erlernte Theorie schließlich anhand eines komplexen praktischen Beispiels an. Lernen – Üben – Anwenden: der sichere Weg zum Lernerfolg!

Lernen – Üben – Anwenden

Dieser Teil soll Sie mit den notwendigen theoretischen Grundlagen versorgen. Schritt für Schritt werden Sie mit den wesentlichen Programmfunktionen und Features vertraut gemacht. Nach der Durcharbeitung dieses Teils sollten Sie in der Lage sein, Problemstellungen selbstständig zu erfassen und mit den vorhandenen Programmfunktionen zu lösen. Die einzelnen Kapitel bilden abgeschlossene Lerneinheiten und können bei Bedarf auch unabhängig voneinander bearbeitet werden.

Lernen

Um Sie auf direktem Weg zum Ziel zu führen, liegt der Theorievermittlung ein problemlösungsorientierter Ansatz zugrunde. So finden Sie in der Randspalte die Problemstellung; die folgende Schritt-für-Schritt-Anleitung führt Sie zielgerichtet zur Lösung.

Üben

In diesem Teil geht es darum, Ihren theoretischen Wissensstand zu vertiefen und zu festigen. Dazu finden Sie diverse kapitelbezogene Fragen und Übungsaufgaben. Ausführliche, kommentierte Lösungen folgen direkt im Anschluss an die jeweilige Frage, damit der Lernfortschritt jederzeit sofort überprüft werden kann.

Anwenden

In diesem Teil schlagen wir eine Brücke zwischen Theorie und Praxis. Anhand eines komplexen, durchgängigen Praxisbeispiels wird die in Teil I erlernte Theorie angewendet und umgesetzt.

Über das Buch

Wer sich ernsthaft mit Videoschnitt am PC auseinandersetzen möchte, kommt an Adobe Premiere Pro nicht vorbei. Diese Software bietet alle Werkzeuge zur Erstellung professioneller Videos. Doch seien Sie vor allzu viel Optimismus gewarnt: Premiere Pro CS6 (im Folgenden meist nur kurz Premiere oder Premiere Pro genannt) ist kein Programm, das mal schnell über das Wochenende erlernt werden kann. Videobearbeitung braucht einiges an Zeit, Geduld, Grundlagen- und Computerkenntnissen sowie Kreativität. Alles Dinge, die Ihnen Premiere (und auch dieses Buch) nicht abnehmen kann.

Sie benötigen kein Vorwissen bezogen auf Premiere Pro, es wird allerdings vorausgesetzt, dass Sie mit einem Computersystem vertraut und insbesondere in der Dateiverwaltung geübt sind. Wie Sie sehen werden, geht es in diesem Buch in erster Linie nicht um die vielen Effekte und Tricks, die möglich sind. Vielmehr möchte es Ihnen bei dem Einstieg in dieses recht mächtige Programm helfen und Ihnen das elementare

Handwerkszeug vermitteln. Sie werden mit den wichtigsten Funktionen des Programms und den Grundlagen des Videoschnitts Schritt für Schritt vertraut gemacht. Deshalb werden Sie zunächst sehen, wie die Bilder auf Ihren Rechner kommen und wie man sie schneidet. Dann erfahren Sie, wie man mit der verbesserten Tonbearbeitung umgeht und wie man selbst verunglückte Filmaufnahmen optimiert. Und nicht zuletzt werden Sie sehen, wie Sie Ihren Videos dank des eingebauten Titelgenerators mit wenigen Handgriffen ein professionelles Aussehen geben. Am Ende des Buchs werden Sie erleben, wie Sie Ihre Arbeit einem größeren Publikum präsentieren können, indem Sie das Ergebnis zurück aufs Band oder auf eine Disk ausgeben. Gerüstet mit diesem Grundlagenwissen sollten Sie nach der Lektüre in der Lage sein, mit dem Programm einfache Videofilme zu erstellen. Auch wenn Sie zu diesem Zeitpunkt noch keinen abendfüllenden Spielfilm oder „anspruchsvolle" Filmmontagen à la Matrix oder Star Wars beherrschen, werden Ihre Filme gewiss bei Ihren Zuschauern Bewunderung und großes Erstaunen hervorrufen.

Doch genug der Vorrede: Packen Sie Ihre Videokamera oder Ihre fertigen Filme, starten Sie Ihren PC und lassen Sie die Klappe sausen! In diesem Sinne hoffe ich, dass Ihnen das Buch gefällt und Sie nicht zuletzt mit seiner Hilfe viele schöne Filme zusammenstellen. Und dazu wünsche ich Ihnen jetzt Freude bei der Lektüre und beim Ausprobieren!

Teil I: Lernen

L1 Premiere Pro kennenlernen

Mit Premiere steht Ihnen ein professionelles Videobearbeitungsprogramm zur Seite, das Ihnen vielfältige Gestaltungsmöglichkeiten bietet. Es gibt wohl kaum ein anderes leistungsstarkes Werkzeug, das es – nach einiger Übung – so effizient ermöglicht, hochwertige Videos zu erstellen. Doch bevor es losgeht, sollten Sie zunächst Ihr Arbeitsumfeld entsprechend vorbereiten. Was es dabei zu beachten gilt, erfahren Sie in diesem Kapitel.

Videobearbeitung am PC?

Videoschnitt am heimischen PC? Was vor Jahren noch fast undenkbar und dann lange nahezu unerschwinglich war, ist inzwischen dank immer schnellerer Rechner und immer größer werdender Festplatten auch für den privaten Nutzer ohne viel Aufwand möglich. Wer Neueinsteiger in die Materie Videobearbeitung am PC ist, wird sicherlich vor der Vielzahl der Möglichkeiten und Angebote ein bisschen zurückschrecken. Deshalb sollte man sich im Vorfeld über den Verwendungszweck kundig machen, um nachher Enttäuschungen zu vermeiden.

> Wenn Sie schon über eine entsprechende Hardware-Ausstattung verfügen und gleich loslegen wollen, dann können Sie den folgenden Abschnitt überspringen oder bei einer späteren Gelegenheit lesen.

Bevor man seinen Computer für die Videobearbeitung aufrüstet, sollte man wissen, was man bereit ist zu investieren und für welchen Zweck man Videos aufbereiten will. So gibt es zahlreiche Lösungen, mit denen man recht anspruchsvolle Filme zusammenstellen kann und die das Budget trotzdem nicht überstrapazieren.

Arbeiten mit Premiere Pro

Wie Sie in diesem Buch *erfahren* werden, erfolgt das Arbeiten mit Premiere Pro im Prinzip immer wieder in der gleichen Reihenfolge:

1. Einlesen der Videodaten auf die Festplatte
2. Bearbeiten der Dateien, also Kürzen oder Teilen
3. Anordnen der einzelnen Szenen
4. Ausgabe in eine neue Videodatei, auf ein Videoband oder auf eine Disk (CD, DVD oder Blu-ray Disc)

Bei dem ersten und dem letzten Punkt spielt die Hardware-Ausstattung eine entscheidende Rolle. Deshalb sollten Sie, bevor es mit dem eigentlichen Schnitt losgeht, einige Vorüberlegungen anstellen.

Welche Ausrüstung wird benötigt?

Die perfekte Videobearbeitung am PC ist heutzutage eigentlich nur noch eine Preisfrage. Doch nicht immer muss es die teuerste Lösung sein. Finden Sie zunächst heraus, was Sie zu tun gedenken. Dazu gehört, dass Sie bereits in Ihrem Besitz befindliche Geräte einbeziehen und natürlich auch den Geldbeutel prüfen.

Nehmen Sie einfach eine Überprüfung anhand der folgenden ansteigenden Qualitätsanforderungen vor. Sie werden schnell sehen, wo Ihre Grenzen beim digitalen Schnitt liegen.

Videos für den Computereinsatz

Computereinsatz

Möchten Sie Ihre Videos lediglich am Computer ansehen oder Videoclips ins Internet stellen, dann reicht bereits eine einfache TV-Karte. Bei den allermeisten Karten können Sie neben Fernsehsendungen auch über einen angeschlossenen Videorekorder Videos auf Ihre Festplatte übertragen, sofern diese über einen TV-Out-Ausgang verfügt.

Nachteilig ist allerdings, dass die Bildqualität unter der VHS-Qualität liegt und die Audiodaten über die Soundkarte geschleift werden. Hierbei kann es zu Synchronisationsproblemen zwischen Ton und Video kommen.

Haupteinsatzgebiet solcher Karten dürfte deshalb das Bereitstellen von Clips für das Internet sein. Die Verbreitung des Internets führt auch dazu, dass immer mehr Videos (Stichwort YouTube & Co.) ins Netz gestellt werden. Wegen der immer noch sehr geringen Bandbreiten spielen bei solchen Videos die maximale Bildgröße und die Qualität nur eine untergeordnete Rolle, denn kein Anwender wird sich stundenlang Videodateien herunterladen. Aus diesem Grund verfügen Videos fürs Internet meist auch nicht über die sonst üblichen 25 Bilder pro Sekunde, sondern man arbeitet im Regelfall mit lediglich 15 Bildern, was noch einen flüssigen Bildablauf ermöglicht.

Videofilme in VHS- bzw. S-VHS-Qualität

Um Videofilme in dieser Qualität zu schneiden, gibt es mehrere Möglichkeiten: **VHS-/S-VHS**

- So könnten Sie zunächst mithilfe von *linearen* Schnittgeräten recht preiswert Videos schneiden, denn hier übernimmt der Computer nur das Ein- und Ausschalten des Videorekorders. Diese Art des Schnitts wird *linearer Schnitt* genannt, weil hier die Daten nicht in den Computer transferiert, sondern lediglich in der Reihenfolge, in der sie sich auf dem Band befinden, geschnitten werden. Der Computer steuert bei einer solchen Lösung im Prinzip den zuliefernden Camcorder und den speichernden Videorekorder. Einer der gewichtigen Vorteile einer solchen Lösung ist, dass die Hardware-Anforderungen sehr gering sind, denn es finden keine aufwendigen Rechenarbeiten statt. Das Signal wird dabei nur zwischen den beiden Geräten übertragen, ohne dass es den Computer erreicht. Das genau macht diese Variante allerdings für den Schnitt mit Premiere Pro uninteressant. **Linearer Schnitt**

- Etwas tiefer müssen Sie in die Tasche greifen, wenn Sie die Filme nach der Bearbeitung mit Premiere Pro wieder **Nicht linearer Schnitt** in gleicher Qualität auf Videorekorder und Fernseher betrachten wollen. Der sogenannte *nicht lineare Schnitt* setzt das Vorhandensein einer Videoschnittkarte voraus, welche die Informationen digitalisiert (man spricht hier auch von *Capturen*) und dadurch im Computer bearbeitbar macht. Deren Verwendungszweck reicht von der reinen Heimanwendung bis zum absoluten Profigerät für mehrere tausend Euro. Sie sollten deshalb genau den vorgesehenen Verwendungszweck kennen.

Von Bedeutung bei diesen Karten sind die Kabel-/Steckervarianten, welche die jeweilige Karte bietet, denn sie sorgen für die Verbindung mit externen Quellen. Hier können folgende vorhanden sein:

- *S-VHS*: Die Ausgabe eines S-VHS-Signals erfolgt über kleine runde DIN-Steckerbuchsen. Die Bildinformationen werden hier lediglich in Helligkeit und Farbsignal getrennt.

Abb. L1.1: Links S-VHS-Eingang, rechts Composite (Cinchstecker)

- *Composite (Cinchstecker)*: Obwohl die qualitativ schlechtere Lösung, sind diese Steckverbindungen bei vielen Grafik- und TV-Karten oft die einzige Möglichkeit, um Video- bzw. Audiodaten aufzunehmen bzw. wieder zurückzuspielen. Die Anschlüsse sind farblich gekennzeichnet, sodass Sie die gelbe Videobuchse schnell erkennen. Mit der weißen Buchse verbindet man den linken und mit der roten Buchse den rechten Audiokanal.

Über die gelben Cinchbuchsen einer Grafikkarte können keine analogen Videosignale aufgenommen werden. Hier dient der Anschluss der Wiedergabe auf einem TV-Gerät.

- Wenn Sie den Kauf einer teuren Schnittkarte scheuen, dann können Sie sich auch für eine Kombinationskarte entscheiden. Damit erhalten Sie eine Grafikkarte, die zugleich Fernseh- und Videoausgabe ist. Mit dieser Karte lassen sich Filme von allen VHS- und S-VHS-Quellen auf die Festplatte bringen und nach der Bearbeitung mit Premiere Pro auch wieder zurück. Da diese Karte die Umrechnung der Videodaten über den Computerprozessor laufen lässt, sind die Anforderungen an den verwendeten PC recht hoch.

- Möchten Sie gleich in eine höhere Klasse der Videobearbeitung einsteigen, dann bieten sich beispielsweise Karten der Firmen Pinnacle und Fast an. Hier müssen Sie preislich etwas mehr einkalkulieren, bekommen dafür allerdings Karten, die nur mäßige Anforderungen an Ihren Prozessor stellen und eine recht hohe Bildqualität bringen.

Videofilme in DV-Qualität

Die zweifellos beste Qualität in Sachen Videobearbeitung bietet das *Digitale Video*, kurz *DV bzw. HDV*. Bei der digitalen Videobearbeitung werden die Videos zu keinem Zeitpunkt umgewandelt, sondern liegen stets als digitale Kopien vor, das heißt, die Kopie der Kopie entspricht qualitätsmäßig immer noch dem Original. Die beiden Formate weisen erhebliche prinzipielle Unterschiede auf und sind nur bedingt vergleichbar. DV basiert auf der PAL- bzw. NTSC-Norm, HDV dagegen auf den High-Definition-Standards 720p und 1080i im Bildformat 16:9.

Digitales Video (DV)

Wenn Sie sich für ein digitales System entscheiden, wird ebenfalls die Frage des Anschlusses an den Computer zu klären sein.

Am Anfang dürfte Sie die Vielzahl an Begriffen verwirren, die alle jedoch die gleiche Schnittstelle bezeichnen. Ob IEEE 1394, Firewire oder i-Link, alle meinen dasselbe. Ursprünglich von der Firma Apple unter dem Namen *Firewire* entwickelt,

IEEE 1394

wurde der Anschluss international unter der Bezeichnung *IEEE 1394* genormt. Die Firma Sony ließ sich dann wiederum für ihre Kamerasteuerung über diesen Anschluss die Markenbezeichnung *i-Link* eintragen.

Abb. L1.2:   Eine Firewire-Karte

USB

Verfügen Sie über eine Kamera mit *USB*-Schnittstelle, dann können Sie diese wie jedes andere USB-Gerät einfach an den PC anschließen.

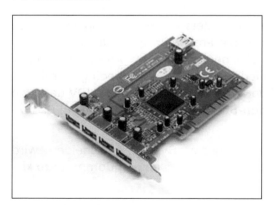

Abb. L1.3:   Eine USB-Karte

Verfügt Ihr Computer über keine solchen Schnittstellen, dann kann man sie einfach als Steckkarte nachrüsten.

> Von USB gibt es einige Spezifikationen. Während USB und USB 2 weitgehend kompatibel sind, wurden mit USB 3 neue Stecker, Kabel und Buchsen eingeführt, die allerdings meist mit den alten kompatibel sind.

Obwohl man angesichts der Begriffsvielfalt meinen könnte, dass es Probleme mit dem Anschluss gibt, ist dem aber nicht so. Denn wenn die Videokamera und auch der Computer einen der Norm IEEE 1394 bzw. dem USB-Standard entsprechenden Anschluss haben, dann ist die Verbindung ein Kinderspiel. Sie müssen lediglich den Stecker des IEEE-1394- bzw. USB-Kabels in die Buchse an Ihrem Computer stecken und das andere Ende mit der Buchse an der Kamera befestigen. Diese Stecker können Sie auch nicht verwechseln, denn sie passen nur in eine Richtung.

Mehr ist nicht erforderlich. Wenn Sie auch noch über ein so leistungsfähiges Programm wie Premiere Pro verfügen, können Sie die Funktionen der Kamera sogar von dem Programm aus steuern.

Was das Preisliche angeht, so sind im Bereich der DV-Qualität nach oben praktisch keine Grenzen gesetzt. Hier müssen Sie im Einzelfall entscheiden, ob es sich lohnt.

Wie sollte der Computer beschaffen sein?

Die Frage, wie der (Schnitt-) Computer darüber hinaus beschaffen sein soll, lässt sich einfach beantworten: Leistung, Leistung, Leistung. Videobearbeitung ist eine der Anwendungen, die selbst modernsten Computern ihre Grenzen aufzeigen. Das Bearbeiten von gigabytegroßen Datenströmen beschäftigt selbst Rechner der neuesten Pentium-Klasse für eine längere Zeit.

Sie können aber eine Menge Zeit sparen, wenn Sie folgende Grundregeln beachten:

Computerausstattung

- *Prozessor:* Intel Core™ 2 Duo oder AMD Phenom® II mit 64-Bit-Unterstützung bzw. für den Mac einen Intel Multi-Core-Prozessor mit 64-Bit-Unterstützung
- *Betriebssystem:* Microsoft Windows 7 mit Service Pack 1 (64 Bit). Wollen Sie das Programm auf einem Mac einsetzen, dann sollten Sie über Mac OS X Version 10.5.7 oder 10.6.3 (erforderlich für GPU-beschleunigte Leistung) verfügen.
- *Festplatte:* Es sollten 10 GB freier Festplattenspeicher zur Verfügung stehen; zusätzlicher Speicher wird allerdings während der Installation benötigt. Es sollte ein 7200-RPM-Festplattenlaufwerk zur Bearbeitung komprimierter Videoformate vorhanden sein sowie RAID 0 für unkomprimierte Inhalte.
- *Arbeitsspeicher:* Auch hier gilt das Motto, dass man nie genug haben kann. Premiere Pro selbst benötigt eine Mindestausstattung von 4 GB RAM, wobei allerdings mindestens 8 GB empfohlen werden.

Gerade Darstellungen in Echtzeit erfordern zusätzliches RAM und noch leistungsfähigere Hardware. Deshalb gilt erst recht für den digitalen Videoschnitt mit Premiere Pro, dass es nie schaden kann, mehr als diese Mindestanforderungen zu erfüllen.

- *Soundkarte:* Hier können Sie eigentlich nichts falsch machen. Zum einen verfügen die meisten neuen PCs über einen eingebauten Soundchip (der voll und ganz genügen dürfte) und zum anderen sind die Markensoundkarten heutzutage technisch ausgereift. Adobe empfiehlt eine Microsoft-DirectX-kompatible bzw. Core-Audio-kompatible Soundkarte und für Surround-Sound eine ASIO-kompatible Mehrkanal-Soundkarte. Unentbehrlich ist aber eine *Line-in-Buchse*, wenn Sie Töne von externen Quellen, wie CD-Spieler oder Kassettenrekorder, einspielen wollen.

- *Monitor:* Je größer dieser ist, umso besser. Denn gerade beim Videoschnitt mit Premiere Pro werden Sie aufgrund der zahlreichen Fenster froh über jeden Zentimeter sein. Darüber hinaus sollten Sie auf ein gutes Bild mit gleichmäßiger Farbreinheit und guter Helligkeitsverteilung achten.

- *Grafikkarte:* Adobe rät zur Adobe-zertifizierten Grafikkarte für schnelleres Rendern mit einer Monitorauflösung von 1.280 x 900 Punkt, idealerweise mit GPU-beschleunigter Wiedergabe und OpenGL-2.0-Unterstützung.

- *DVD-Laufwerk:* Es sollte ein Laufwerk mit Unterstützung für Dual-Layer-DVDs (DVD+/-R-Brenner für die DVD-Erstellung; Blu-ray-Brenner für die Erstellung von Blu-ray Discs) vorhanden sein.

- *Betriebssystem:* Am Betriebssystem entzünden sich oft heftige Diskussionen. Verwenden Sie Windows, dann sollte es die 64-Bit-Version von Microsoft Windows 8 oder Windows 7 bzw. Windows Vista Home Premium, Business, Ultimate oder Enterprise jeweils mit neuestem Service Pack sein.

Auch in dieser Version ist das Programm in einer Variante für den Mac und einer für den PC erhältlich. In diesem Buch finden Sie allerdings durchgängig Abbildungen von einem Windows-8-PC-System. Sollten Sie mit einem Macintosh arbeiten, so unterscheidet sich Ihr Bildschirm von den gezeigten Abbildungen im Wesentlichen durch das Apple-typische Aussehen. Im Allgemeinen sind in der Mac-Version die Menüs zumeist genauso aufgebaut. Bei der Bedienung müssen Sie als Apple-Anwender lediglich darauf achten, statt der [Strg]-Taste die [⌘]-Taste und für die [Alt]- die [⌥]-Taste zu verwenden und im Fall, dass es die rechte Maus sein sollte, die [Ctrl]-Taste zu drücken.

- *Internetanschluss*: Schließlich brauchen Sie noch einen Internetanschluss für Online-Dienste.

Premiere installieren

Wenn diese Voraussetzungen erfüllt sind, kann es mit der Installation losgehen.

Schließen Sie zunächst alle laufenden Anwendungen und führen Sie dann einen der folgenden Schritte durch:

- Disk: Haben Sie Premiere Pro im Handel erworben, dann legen Sie die Disk in das Laufwerk ein und befolgen die Installationsanweisungen auf dem Bildschirm. Startet die Installation nicht automatisch wird, wechseln Sie in den Ordner *Adobe CS6* und klicken doppelt auf die Datei *Setup.exe*. Jetzt sollte der Installationsvorgang starten.

- Internet: Haben Sie sich die Software aus dem Web heruntergeladen, öffnen Sie den Ordner, in dem Sie den Download gespeichert haben. Haben Sie sich beispielsweise für die Testversion entschieden, so klicken Sie doppelt auf die Datei *Set-up.exe* und befolgen die Anweisungen auf dem Bildschirm. Diese können Sie übrigens später jederzeit zu einer Vollversion umwandeln, indem Sie im Menü *Hilfe* die Option *Aktivieren* aufrufen.

In allen Fällen startet der Installationsvorgang. Dieser durchläuft die folgenden Schritte:

- *System-Prüfung*: Zunächst überprüft das Programm, ob Ihr System die geforderten Mindestvoraussetzungen erfüllt und/oder welche Empfehlungen Adobe dazu gibt.

- *Seriennummer*: Anschließend erhalten Sie das Fenster *Seriennummer eingeben*. In diesem können Sie Ihre Seriennummer eingeben oder wählen die Option *Als Testversion installieren*. Im diesem Fall können Sie 30 Tage lang das Programm ausgiebig testen, bevor Sie eine Seriennummer eingeben müssen.

Abb. L1.4: Seriennummer oder Testversion?

Die Testversion von Adobe Premiere Pro erhalten Sie unter der Adresse *http://www.adobe.com/cfusion/tdrc/index. cfm?product=premiere_pro&loc=de&promoid=EBYEP/*.

- *Adobe-Software-Lizenzvereinbarung*: Zunächst erhalten Sie das Fenster mit dem Lizenzvertrag zum Durchlesen. Sind Sie nicht einverstanden, klicken Sie auf *Ablehnen* und der Vorgang wird gestoppt. Sind Sie einverstanden, geht es mit *Annehmen* ins nächste Dialogfenster.

- *Adobe-ID:* Möchten Sie Ihre Software registrieren und den Zugriff auf die Adobe CS Live-Online-Services einrichten, müssen Sie im folgenden Fenster Ihre Adobe-ID eingeben. Verfügen Sie noch nicht über eine solche, dann können Sie diese hier auch gleich anlegen (Schaltfläche *Adobe-ID erstellen*).

- *Installationsoptionen*: Im folgenden Fenster wählen Sie die gegebenenfalls möglichen Zusatzmodule aus. Hier legen Sie auch den *Pfad* an, also den Ordner auf Ihrer Festplatte bzw. Partition, in den das Programm installiert werden soll.

- *Installationsstatus*: Mit *Weiter* gelangen Sie in dieses Dialogfenster, das Ihnen mithilfe eines Balkens den Installationsfortschritt anzeigt.

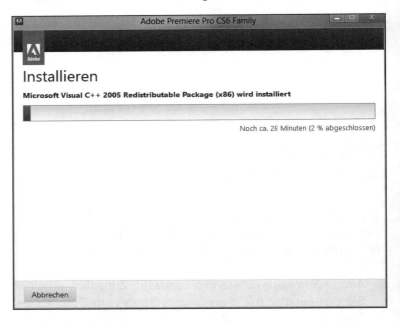

Abb. L1.5: Die Installation läuft

- *Vielen Dank*: Zum Schluss wird die erfolgreiche Installation rückgemeldet und empfohlen, das System neu zu starten.

Klicken Sie auf *Schließen*, um den Vorgang abzuschließen.

Premiere Pro starten

Je nach Betriebssystem gehen Sie wie folgt vor:

Verfügen Sie über das neue Windows 8, dann wurde bei der Installation eine entsprechende Kachel im Startbildschirm angelegt.

Windows 8

Abb. L1.6: Einfach auf die Kachel klicken

Hier genügt ein Klick auf diese Kachel und schon kann es losgehen.

Verwenden Sie Windows 7, dann müssen Sie folgende Schritte durchlaufen:

1 Klicken Sie auf die Schaltfläche *Start* und anschließend auf den Eintrag *Alle Programme*.

Windows 7

Dadurch erhalten Sie Zugang zu den Programmgruppen aller auf Ihrem PC installierten Anwendungen.

Hier finden Sie ein neues Programmsymbol mit einer Bezeichnung wie *Adobe Premiere Pro CS6*.

2 Klicken Sie auf dieses Symbol.

Verwenden Sie das Programm öfter, so finden Sie nach Anklicken des Startmenüs gleich ein anklickbares Symbol (*Adobe Premiere Pro CS6*) vor, da Windows neben den zuletzt geöffneten Dokumenten auch die zuletzt benutzten Programme anzeigt. In diesem Fall müssen Sie lediglich einen Klick auf das Symbol setzen.

Apple Macintosh

Arbeiten Sie mit einem Mac, müssen Sie nur einen Doppelklick auf das Programmsymbol *Adobe Premiere Pro CS6* im ausgewählten Installationsordner (z.B. Ordner *Programme* im Ordner *Festplatte*) ausführen.

Startvorgang

Der Startvorgang beginnt. Haben Sie die Testversion installiert, wird ein Informationsfenster eingeblendet, das Ihnen die Wahl über die Eingabe einer Seriennummer oder die Verwendung als Testversion lässt.

Treffen Sie Ihre Wahl und klicken Sie dann auf *Weiter* bzw. *Test beginnen*.

Nun werden Sie darüber informiert, dass jetzt verschiedene Dienste, Bedienfelder und Zusatzmodule geladen werden. Dieser Vorgang dauert beim ersten Mal etwas länger, da hierbei die entsprechenden Einstellungen des Programms vorgenommen werden.

Bei den folgenden Starts kann es ebenfalls je nach Konstellation Ihres Computers mehr oder weniger lange dauern, bis der Ladevorgang abgeschlossen ist.

Abschließend erhalten Sie das Willkommensfenster von Premiere Pro (siehe Abbildung L1.7).

Hier können Sie entscheiden, ob Sie ein *Neues Projekt* anlegen möchten, ein – bereits vorhandenes – *Projekt öffnen* wollen oder *Hilfe* benötigen.

Beim ersten Start werden Sie sich sicherlich – wie im Folgenden – für die erste Variante entscheiden.

1 Klicken Sie auf die Schaltfläche *Neues Projekt*.

Dadurch erhalten Sie das nächste Fenster, in dem Sie die allgemeinen Projekteinstellungen vornehmen.

2 In den Listenfeldern für *Video* und *Audio* können Sie die Anzeigeformate festlegen.

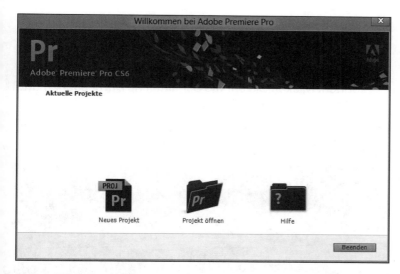

Abb. L1.7: Das Willkommensfenster von Premiere Pro

- Bei *Video* können Sie zwischen *Timecode* (also Zeitangaben), *Fuß + Frames* oder nur *Frames* (sprich Einzelbilder) wählen.

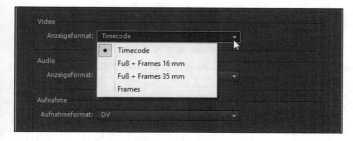

Abb. L1.8: Die Einstellungsoptionen bei *Video*

- Das Listenfeld *Audio* ermöglicht Ihnen die Wahl zwischen *Audiosamples* und *Millisekunden.*

- Im Listenfeld *Aufnahme* stellen Sie ein, ob Sie *DV* oder *HDV* als Aufnahmeformat verwenden möchten.

Belassen Sie auch hier die Vorgaben.

3 Als Nächstes sollten Sie den *Speicherort* für das Projekt angeben. Zweckmäßigerweise reservieren Sie dafür eine eigene Partition oder gar eine eigene Festplatte, die Sie beide mit einem eigenen Laufwerkbuchstaben ansprechen können. Klicken Sie auf die Schaltfläche *Durchsuchen* und stellen Sie den Speicherort ein.

4 Abschließend vergeben Sie noch einen Projektnamen, den Sie einfach in das Feld *Name* eintippen.

Abb. L1.9: Die Einstellungen für das erste Projekt

5 Mit *OK* schließen Sie diesen Vorgang ab.

Nun erhalten Sie ein Fenster, in dem Sie die allgemeinen Projekteinstellungen vornehmen.

Preset Hier können Sie üblicherweise ein voreingestelltes Projekt mithilfe sogenannter *Presets* laden oder die Parameter für zukünftige Projekte festlegen.

1 Möchten Sie die Vorgabe auf das im europäischen Raum (und insbesondere in Deutschland) gängige Format *DV-PAL* einstellen, sollten Sie die Option *Standard 48kHz* auswählen. Dies entspricht dem gängigen Standard einer Bildschirmgröße von 4:3 und einer Tonqualität in 48 kHz Audio. Verfügen Sie schon über eine moderne Videokamera, dann sollten Sie *Widescreen 48kHz* mit einer Bildschirmgröße im Format 16:9 wählen.

Abb. L1.10: Das Projekteinstellungsfenster

Videoschnittkarten liegen in der Regel sogenannte Presets bei. Dabei handelt es sich im Prinzip um nichts anderes als Projektvoreinstellungen, die auf die jeweilige Karte abgestimmt sind. In einem solchen Fall sollten Sie diese Voreinstellungen einfach per Mausklick übernehmen, da sie optimal auf die Hardwarelösung eingestellt sind.

2 Abschließend ändern Sie gegebenenfalls noch im Feld *Sequenzname* den Vorgabewert.

3 Mit einem Klick auf *OK* schließen Sie diese Arbeiten ab.

Der Arbeitsbildschirm

Arbeits-bildschirm

Sie gelangen nun in den eigentlichen *Arbeitsbildschirm* von Premiere Pro, in dem Sie in Zukunft hoffentlich viele Videos erstellen und schneiden werden. Da es immer gut ist, mit dem Arbeitswerkzeug vertraut zu sein, werden Sie es im Folgenden erst einmal näher kennenlernen.

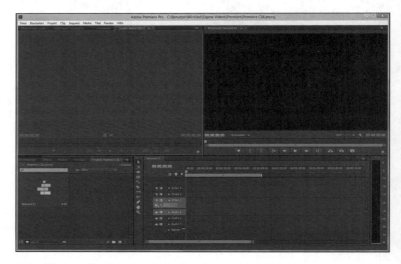

Abb. L1.11: Beeindruckend: der Arbeitsbildschirm von Premiere Pro

Das Programmfenster

Programm-fenster

Wie Sie unschwer erkennen, setzt sich der Arbeitsbildschirm von Premiere Pro aus einer Reihe von Fenstern zusammen. Allen gemeinsam ist, dass sie sich innerhalb des Premiere-Pro-Programmfensters befinden.

In diesem Fenster finden Sie alle benötigten Einstellungen in einer Menüleiste angeordnet. Sie kennen diese Technik bestimmt von anderen Programmen her. Auch hier gilt, dass nur die schwarz angezeigten Menüs im Moment aktiv sind und angewählt werden können. Grau angezeigte Menüs sind gegenwärtig nicht aufrufbar und stehen erst dann zur Verfügung, wenn sie Sinn ergeben.

Wenn Sie möchten, können Sie die Darstellung des Fensters ändern. Insbesondere wenn Ihnen die vorgegebene Farbe zu dunkel ist, gehen Sie wie folgt vor:

1 Rufen Sie die Menüreihenfolge *Bearbeiten / Voreinstellungen / Aussehen* auf.

Sie erhalten das gleichnamige Dialogfenster und befinden sich gleich in der richtigen Kategorie.

2 Ziehen Sie den Regler *Helligkeit* ❶ in die von Ihnen gewünschte Richtung.

Aussehen der Benutzeroberfläche

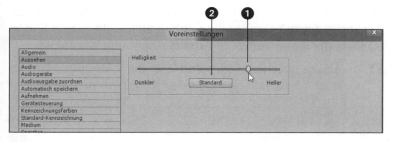

Abb. L1.12: Die Helligkeit der Benutzeroberfläche anpassen

Mit einem Klick auf die Schaltfläche *Standard* ❷ können Sie zur ursprünglichen Helligkeit zurückkehren.

3 Haben Sie Ihre bevorzugte Einstellung gefunden, beenden Sie den Vorgang durch Verlassen dieses Dialogfensters mit *OK*.

Bedienfelder

Des Weiteren wird die Anordnung der im Programmfenster enthaltenen Bedienfelder nicht immer Ihren Vorstellungen entsprechen. Sie können jedoch die einzelnen Fenster über die Registerkarten am oberen Rand an die von Ihnen gewünschte Stelle ziehen.

Bedienfelder anordnen

4 Klicken Sie mit der Maus auf die Leiste mit den fünf Strichen vor jeder Registerkarte.

5 Ziehen Sie dann bei gedrückter Maustaste das Bedienfeld an den gewünschten Ort.

Abb. L1.13: Ein Fenster neu anordnen

Haben Sie alles nach Ihren Vorstellungen angeordnet, können Sie sogar diese Anordnung dauerhaft abspeichern und finden so stets die Ihnen vertraute Arbeitsumgebung wieder vor.

1 In einem solchen Fall rufen Sie die Menübefehlsfolge *Fenster / Arbeitsbereich / Neuer Arbeitsbereich* auf.

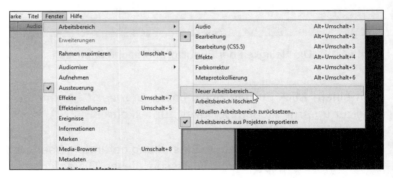

Abb. L1.14: Speichern Sie Ihren gewohnten Arbeitsbereich ab

Wenn Sie den Menübefehl aufrufen, erhalten Sie ein kleines Dialogfenster, in dem Sie einen Namen für den Arbeitsbereich durch Überschreiben der Vorgabe *Unbenannter Arbeitsbereich* vergeben können.

2 Schreiben Sie beispielsweise Ihren Namen.

Möchten Sie Premiere Pro in den Zustand versetzen, den es kurz nach der Installation hatte, dann entscheiden Sie sich für *Aktuellen Arbeitsbereich zurücksetzen*.

3 Bestätigen Sie Ihre Eingabe mit *OK*.

In diesem Menü finden Sie zudem vier bereits fertige Arbeitsbereiche, die Ihnen beispielsweise bei der *Bearbeitung* oder dem Einsatz von *Effekten* gleich die benötigten Fenster einblenden.

4 In Zukunft können Sie den Arbeitsbereich über einen Eintrag in dem Menü aufrufen.

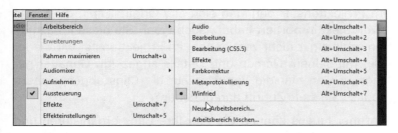

Abb. L1.15: Der neue Arbeitsbereich wartet

Das Projektfenster

Die zentrale Schaltstelle Ihrer Arbeit mit Premiere Pro ist das *Projektfenster*, denn hier verwalten Sie alle Bestandteile Ihres Videoprojekts. Der Titelleiste können Sie den Namen des Projekts entnehmen.

Projektfenster

Sollten Sie unter Windows 8 oder Windows 7 die Dateiendungen nicht sehen, dann gehen Sie im Windows-Explorer über die Schaltfläche *Organisieren* und wählen den Menüpunkt *Ordner- und Suchoptionen* an, um an das entsprechende Dialogfenster zu gelangen.

Lernen 1: Premiere Pro kennenlernen

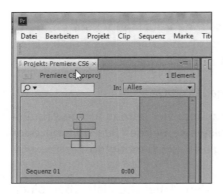

Abb. L1.16: Das Projektfenster – die zentrale Schaltstelle

Im Projektfenster befinden sich alle Originalclips, die Sie in ein Projekt importiert haben, auch wenn Sie diese im aktuellen Projekt gar nicht verwenden. Im Projektfenster wird jeder Clip mit seinem Namen und Details angezeigt. Genauer gesagt werden hier die Verweise auf die Clips abgespeichert, sodass Sie stets Zugriff darauf haben.

Darüber hinaus können Sie hier Ihre Clips organisieren und verwalten. Dabei helfen Ihnen die verschiedenen Ansichtsmodi, die Sie über die Schaltflächen am unteren Rand einstellen können.

Abb. L1.17:
Stets gut informiert mit der *Listenansicht*

So können Sie sich zwischen den Ansichten *Listenansicht* und *Symbolansicht* entscheiden.

- Im ersten Fall erhalten Sie ausführliche Informationen über den Clip, beispielsweise über Dauer oder Videoformat.

- Im zweiten Fall wird Ihnen beispielsweise bei einem Videoclip das erste Bild angezeigt und Ihnen so eine rasche Zuordnung der Szene ermöglicht.

Das Monitorfenster

Das *Monitorfenster* spielt ebenfalls eine zentrale Rolle.

Hier können Sie, nachdem Sie einen Doppelklick auf den Eintrag des Clips im Projektfenster gesetzt haben, den Vorschnitt durchführen. Mithilfe der Schaltflächen können Sie einen Teil des Clips selektieren und anschließend als eigenen Clip verwalten.

Monitorfenster

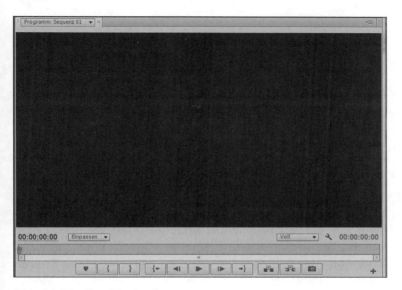

Abb. L1.18: Das Monitorfenster

Das Schnittfenster

Das *Schnittfenster* bietet eine schematische und zeitliche Ansicht Ihres Videos einschließlich aller Video-, Audio- und Überlagerungsspuren.

Schnittfenster

Hier werden die – unter Umständen recht zahlreichen – Teilszenen Ihres Videoprojekts zusammengesetzt. Kennzeichnend für dieses Fenster ist die sogenannte Timeline, also die Zeitleiste am oberen Rand, die mit dem Wert 00:00:00:00 beginnt (in der obigen Abbildung durch den linken Rand nur abgeschnitten gezeigt) und damit den Anfang Ihres Videos definiert.

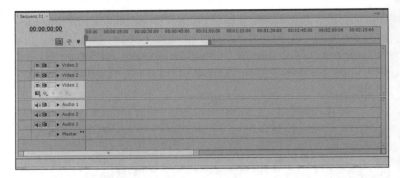

Abb. L1.19: Das Schnittfenster

Zudem zeigt das Schnittfenster die Positionen der einzelnen Clips in der Zeitebene, ihre Dauer sowie ihr Verhältnis zu den anderen Clips im Programm grafisch an und erlaubt Ihnen so eine visuelle Vorstellung vom Ablauf Ihres Projekts.

Um ein Element aus dem Projektfenster in das Schnittfenster zu übernehmen, muss es lediglich bei gedrückter linker Maustaste auf die entsprechende Spur gezogen werden. Dabei können Sie verschiedene Elemente sogar zur gleichen Zeit beginnen lassen, indem Sie diese auf verschiedenen Spuren ablegen. Standardmäßig werden Ihnen neben drei Video- auch noch drei Audiospuren angezeigt. Wie Sie im Verlauf dieses Buchs noch sehen werden, sind Sie an diese Anzahl aber nicht gebunden, da man recht mühelos weitere Spuren einfügen kann.

 Es ist übrigens egal, in welcher Spur Sie ein Element platzieren, da bei der endgültigen Berechnung des neuen Videos sämtliche Teile in einen einzigen Film zusammengeführt werden.

Die Bedienfelder

Wie die meisten anderen Adobe-Programme beinhaltet Premiere Pro mehrere *Bedienfelder*. In diesen kleinen Fenstern, die eine mehr oder minder große Anzahl von Symbolen und Einstellungsmöglichkeiten aufweisen, sind Funktionen zu der jeweiligen Thematik zusammengefasst, deren bestimmte Befehle per Mausklick ausgeführt werden können. Einige Anwendungen lassen sich sogar nur über diese Symbolleisten verwirklichen.

Bedienfelder

So ermöglicht Ihnen beispielsweise das – standardmäßig nicht eingeblendete – Bedienfeld *Protokoll*, bis zu 99 Änderungen an dem Videoprojekt rückgängig zu machen.

Bedienfeld Protokoll

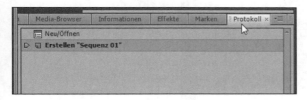

Abb. L1.20: Schnell Fehler rückgängig machen

1 Rufen Sie es über die Menüfolge *Fenster / Protokoll* auf den Schirm.

2 Ziehen Sie den Schieberegler auf der linken Seite nach oben, um die Schritte rückgängig zu machen.

Standardmäßig sind die Bedienfelder in verschiedenen Gruppen zusammengefasst. Die Bedienfelder weisen gegenüber den „normalen" Windows-Fenstern nur eine Schaltfläche in der Titelleiste auf.

3 Um ein Bedienfeld zu schließen, klicken Sie auf die Schaltfläche mit dem x.

Abb. L1.21: Schließen eines Bedienfeldes

4 Um diverse Einstellungen vorzunehmen, klicken Sie auf die Schaltfläche mit den vier horizontalen Strichen und dem nach unten weisenden Pfeil (das sogenannte *Bedienfeldmenü*) am rechten Rand, die bei einigen Bedienfeldern auftaucht.

Abb. L1.22: Bedienfeldeinstellungen ändern

Verschoben werden können die Bedienfelder, wie Sie bereits gesehen haben, über die Titelleiste.

5 Klicken Sie dazu auf die Titelleiste und ziehen Sie diese bei gedrückter linker Maustaste an die neue Position.

Darüber hinaus besteht die Möglichkeit, die Bedienfelder zu trennen bzw. sie neu zu ordnen. So können Sie die am häufigsten von Ihnen benutzten Optionen zusammenfassen.

6 Klicken Sie dazu auf die entsprechende Registerkarte und ziehen Sie diese bei gedrückter linker Maustaste aus dem Bedienfeld heraus. Ziehen Sie sie auf ein anderes Bedienfeld und lassen Sie dort die Maustaste los. Augenblicklich wird die Registerkarte dem anderen Bedienfeld hinzugefügt.

Abb. L1.23: Ein Bedienfeld in eine andere Gruppe verschieben

7 Wenn Sie jetzt noch die Reihenfolge verändern wollen, klicken Sie abermals auf die Registerkarte und verschieben Sie sie bei gedrückter linker Maustaste innerhalb des Bedienfeldes.

8 Möchten Sie ein eigenes Bedienfeld zusammenstellen, dann lassen Sie die Maustaste über der Arbeitsfläche los. Augenblicklich wird die Registerkarte in ein eigenes, neues Bedienfeld eingefügt.

Auf die gleiche Art und Weise können Sie die Registerkarten wieder an ihre ursprüngliche Position zurückschieben.

Hilfe in Notlagen

Aufgrund der beschränkten Seitenzahl kann dieses Buch nicht alle Ihre Fragen beantworten. Und so taucht hier und da vielleicht doch ein Problem oder eine zusätzliche Frage auf, auf die Sie eine Antwort möchten. Für solche Fälle ist vorgesorgt, denn Premiere Pro stellt Ihnen eine recht gute Hilfe zur Verfügung. Wenn Sie wirklich mal nicht weiterwissen, dann können Sie über das Menü *Hilfe / Adobe Premiere Pro Pro-Hilfe* (oder schneller über F1) diese Hilfefunktion aufrufen.

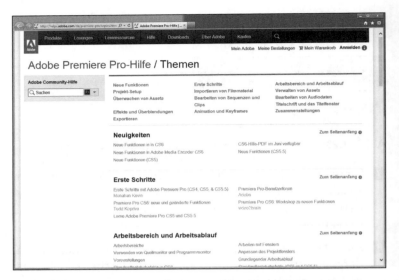

Abb. L1.24: Die Hilfe- und Supportseite von Adobe Premiere Pro

Hilfe

Wie Sie sehen, funktioniert die Premiere-Hilfe mit Hyperlinks, die Sie einfach anklicken, um dann den entsprechenden Text zu erhalten. Oder Sie verwenden gleich die Suchfunktion *Adobe Community-Hilfe* auf der linken Seite. Tragen Sie einfach das entsprechende Schlagwort in das Listenfeld *Suchen* ein und starten Sie die Anfrage mit [↵].

Premiere beenden

Das Programm beenden Sie wie alle Programme über das Menü *Datei / Beenden* oder schneller mit [Strg] + [Q][W].

L2 Projekte

Als stolzer Eigentümer von Premiere Pro besitzen Sie ein leistungsfähiges Programm, mit dessen Hilfe Sie hervorragend Videos zusammenstellen können.

Bevor Sie mit dem Einlesen des Videomaterials auf Ihrem PC beginnen, müssen Sie zunächst ein *Projekt* anlegen. In einem Projekt werden nämlich alle Einstellungen zusammengefasst, die für das gesamte Projekt gelten, und Sie erledigen in einem Projekt den kompletten Ablauf vom Aufspielen der Videos über ihr Bearbeiten bis zur Weitergabe der fertigen Filme.

In diesem Kapitel erfahren Sie zunächst, welche Einstellungen man für welches Projekt vornehmen sollte.

Ein neues Projekt anlegen

Nachdem Sie Premiere gestartet haben, können Sie direkt mit einem Klick auf die Schaltfläche *Neues Projekt* ein ebensolches starten. Eine Alternative wäre der Aufruf der Menüfolge *Datei / Neu / Projekt* oder die Verwendung der Tastenkombination [Strg] + [Alt] + [N].

1 Erstellen Sie auf eine der gezeigten Arten ein neues Projekt.

2 Stellen Sie zunächst das gewünschte *Aufnahmeformat* und den *Speicherort* ein (siehe Abbildung L2.1).

Als Nächstes sollten Sie die Speicheroptionen der Arbeitslaufwerke kontrollieren.

3 Klicken Sie auf die Registerkarte *Arbeitslaufwerke*, um an die jeweiligen Optionen zu gelangen (siehe Abbildung L2.2).

Abb. L2.1: Ein neues Projekt anlegen

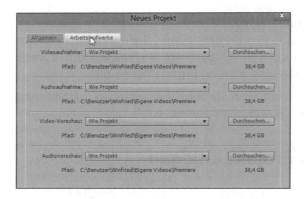

Abb. L2.2: Die Arbeitslaufwerke verwalten

- 4 Kontrollieren Sie, ob genug Speicherplatz bei den angegebenen Pfaden vorhanden ist, und korrigieren Sie gegebenenfalls die Angaben.
- 5 Anschließend klicken Sie auf *OK*.
- 6 Im folgenden Dialogfenster *Neue Sequenz* wählen Sie im Register *Sequenzvorgaben* eine Vorgabe aus.

Im Beispiel wurden die Einstellung *DV-PAL* und die Option *Widescreen 48kHz* gewählt.

Verwenden Sie eine Videoschnittkarte, können Sie hier gegebenenfalls ganz einfach die Vorgaben dieser Karte auswählen. Ziehen Sie in diesem Fall das Handbuch zu der Karte zurate und wählen Sie dann die geeignete Einstellung aus.

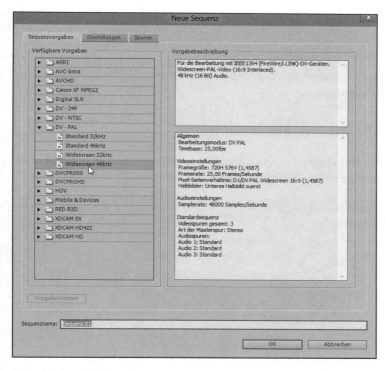

Abb. L2.3: Wählen Sie eine verfügbare Vorgabe aus

Um die Einstellungen zu verfeinern, müssen Sie einige Angaben selbst vornehmen. Dazu finden Sie am oberen Rand des Dialogfensters die Registerkarte *Einstellungen*.

7 Klicken Sie diese an.

Abb. L2.4: Die benutzerdefinierten Einstellungen

Auf dieser Karte können Sie die erforderlichen Einstellungen für die Bereiche *Allgemein*, *Video*, *Audio* und *Videovorschau* vornehmen und schließlich unter einem eigenen Namen abspeichern. In Zukunft können Sie dann rasch mit Ihren bevorzugten Einstellungen starten.

Im Folgenden werden Sie die wichtigsten Einstellungen näher kennenlernen.

Allgemeine Einstellungen

Auf der Registerkarte *Einstellungen* nehmen Sie die allgemeine Einstellungen für das Projekt vor.

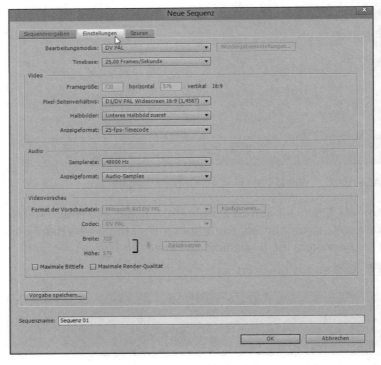

Abb. L2.5: Die Einstellungsmöglichkeiten der Kategorie *Einstellungen*

Zunächst einmal sollten Sie die grundlegendsten Einstellungen vornehmen.

Grundlegende allgemeine Einstellungen

Im oberen Bereich finden Sie die folgenden elementaren Einstellungsoptionen:

- *Bearbeitungsmodus*: In diesem Feld legen Sie den Bearbeitungsmodus Ihres Projekts fest. Dieser bestimmt, mit welcher Videomethode die Videowiedergabe im Schnittfenster erfolgt. Neben allgemeinen Videomodi finden Sie gegebenenfalls auch Zusatzmodi, die von den Herstellern der Videokarten zur Verfügung gestellt werden, um einen reibungslosen Ablauf sicherzustellen.

Bearbeitungsmodus

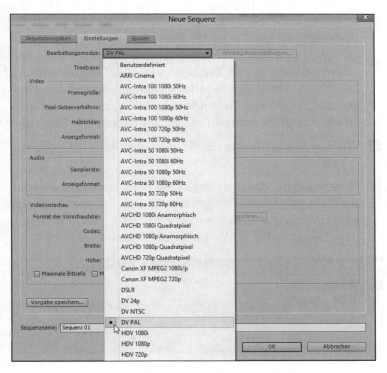

Abb. L2.6: Die Wahl des Bearbeitungsmodus ist eine der grundlegenden Entscheidungen

Für die Wiedergabe auf einem Fernseher gilt es an dieser Stelle zunächst zwischen den grundlegenden Formaten zu unterscheiden:

- *DV PAL*: *DV* verwendet als Bildauflösung 720 × 576 Bildpunkte und bei *PAL* (*Phase-Alternation-Line-Verfahren*) handelt es sich um ein Verfahren zur Farbübertragung beim analogen Fernsehen.

- *HDV*: Die Abkürzung steht für *High Definition Television* oder hochauflösendes Fernsehen. Die Zeichenfolge *720p* steht dabei für die geringste Auflösung der Fernsehnorm, konkret eine Auflösung von 1.280 × 720 Pixeln. Der Buchstabe nach der Ziffer kennzeichnet das Verfahren des Bildaufbaus. Dabei wird der Vollbildsprung mit *p* (für *progressive*) und das Zeilensprungverfahren mit *i* (für *interlaced*) abgekürzt. Die Zeichenfolge *1080i* steht somit für 1.920 × 1.080 Bildpunkte im Zeilensprungverfahren mit 60 Halbbildern pro Sekunde und *1080p* für das entsprechende Vollbildverfahren mit 30 Vollbildern pro Sekunde.

1 Wählen Sie an dieser Stelle das von Ihnen bevorzugte Format.

Timebase
- *Timebase*: Im darunterliegenden Feld *Timebase* werden die Zeiteinteilungen eingestellt, die in Premiere Pro zur Berechnung der einzelnen Schnittpunkte verwendet werden. Der geläufigste Wert ist *25,00 Frames/Sekunde*.

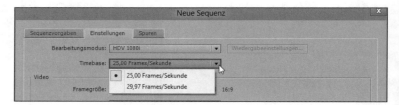

Abb. L2.7: Der geläufigste Wert ist voreingestellt

2 Belassen Sie es bei dieser Einstellung.

Video

Danach können Sie im Bereich *Video* die Videooptionen näher präzisieren. Hierzu zählen insbesondere:

- *Framegröße*: Diese Werte sind bei den meisten Codecs nicht einstellbar, da die Größen fest mit den Codecs verbunden sind. — **Framegröße**

- Der Begriff Codec setzt sich aus den Wortbestandteilen *Kompressor* und *Dekompressor* zusammen. Ohne Komprimierung wäre eine Festplatte in Minutenschnelle mit Videodaten gefüllt. Die Aufgabe der Codecs ist es, bei der Aufnahme die Videodaten in Echtzeit zu verdichten. Dabei handelt es sich im Prinzip um einen speziellen Softwaretreiber, der die Komprimierung bei der Aufnahme und die Dekomprimierung bei der Wiedergabe eines Videos steuert. Der Vorteil dieser Lösung liegt darin, dass man hierfür keine spezielle Hardware mehr benötigt und somit sehr günstige Schnittlösungen möglich werden. — **Codec**

- Ein *Frame* ist nichts anderes als ein Einzelbild eines Videos. Die *Framegröße* gibt die Ausmaße (in Pixel) für Frames an, mit denen ein Video im Schnittfenster abgespielt wird. Im Idealfall sollte die Framegröße des Projekts mit der des Videoclips übereinstimmen. — **Frame**

- *Pixel-Seitenverhältnis:* Mithilfe dieser Angaben legen Sie das Seitenverhältnis für einzelne Pixel fest. Genauer gesagt gibt dieser Wert das Verhältnis von Breite zu Höhe eines Pixels in einem Bild an. — **Pixel-Seitenverhältnis**

Abb. L2.8: Wählen Sie gegebenenfalls das Pixel-Seitenverhältnis

1 Gegebenenfalls müssen Sie sich hier zwischen verschiedenen Varianten entscheiden.

Halbbilder

- *Halbbilder*: Bei einigen Videos besteht jeder Frame aus zwei Halbbildern. Ein Halbbild enthält die ungeraden Zeilen des Frames, das andere die geraden Zeilen.

Abb. L2.9: Stellen Sie die Option für die Halbbilder ein

Der Zeilensprung ist für den Betrachter normalerweise nicht sichtbar. Da aber jedes Halbbild das Motiv geringfügig zeitversetzt aufzeichnet, lassen sich die beiden Halbbilder erkennen, wenn ein Clip in Zeitlupe wiedergegeben, ein Frame eingefroren oder ein Frame als Standbild exportiert wird.

🔁 Im Regelfall sollten Sie es bei der Voreinstellung belassen.

Wenn Sie mit Videovollbildern (beispielsweise im *Bearbeitungsmodus Desktop*) arbeiten, sollten Sie die Option *Keine Halbbilder (Progressive-Scan)* wählen. Dabei gilt es allerdings zu beachten, dass viele Aufnahmekarten Halbbilder aufnehmen, obwohl Sie Vollbildmaterial aufgenommen haben.

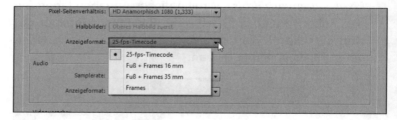

Abb. L2.10: Hier stellen Sie das Anzeigeformat ein

- *Anzeigeformat*: Hier legen Sie fest, wie die Zeit im Projekt angezeigt wird. Für PAL-Videos beträgt der Standardwert *25-fps-Timecode*.

Audio

Im Bereich Audio können Sie die folgenden Einstellungen vornehmen:

- *Samplerate*: Hier legen Sie die Abtastrate bei der Wiedergabe der Tondateien bzw. der Audioinformationen in den Videoclips fest. Auch hier gilt, dass höhere Raten eine bessere Audioqualität bei der Wiedergabe bieten, aber auch mehr Festplattenspeicher und Verarbeitungszeit benötigen.

Samplerate

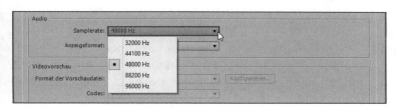

Abb. L2.11: Wählen Sie die Samplerate

1 Entscheiden Sie sich für *48000 Hz*.

- *Anzeigeformat*: Diese Werte geben an, ob die Audiozeit in *Audio-Samples* oder *Millisekunden* angezeigt wird. Ein Wert von einer Sekunde bedeutet dabei, dass ein Tonblock von einer Sekunde Länge gelesen wird und beim Abspielen eines Frames für die Dauer des Frames in den RAM-Speicher geladen wird, damit er bis zur Anzeige des nächsten Frames wiedergegeben werden kann.

Anzeigeformat

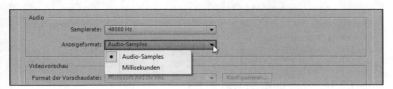

Abb. L2.12: Entscheiden Sie sich für das Anzeigeformat

2 Kommt es lediglich darauf an, den Audioclip zu erkennen, verwenden Sie die Option *Audio-Samples*.

Videovorschau

Videovorschau In der nächsten Kategorie, *Videovorschau*, legen Sie fest, wie in Premiere Pro Videoinformationen übertragen werden.

Abb. L2.13: Bei dieser Einstellung müssen Sie nichts mehr machen

1 Verwenden Sie eine Digitalkamera bzw. DV-Originalmaterial, müssen Sie die Aufnahmeeinstellungen nicht ändern, da Premiere Pro bereits alles auf den Standard gesetzt hat.

> Verwenden Sie eine Software, die im Lieferumfang einer für die Verwendung mit Adobe Premiere Pro zertifizierten Aufnahmekarte enthalten ist, können unter Umständen an dieser Stelle zusätzliche Aufnahmeformate und Optionen angezeigt werden. In diesem Fall entnehmen Sie dem Handbuch der Aufnahmekarte die weiteren Optionen.

Bearbeitungsmodus Benutzerdefiniert Anders verhält es sich, wenn Sie den *Bearbeitungsmodus* auf *Benutzerdefiniert* eingestellt haben.

Abb. L2.14: Hier gibt es, was zu tun

In diesem Fall können bzw. müssen Sie die Einstellungen für den *Codec* vornehmen.

Diese Einstellungen sind nur relevant, wenn die Videokarte keine Digitalisierung unterstützt und Sie deshalb auf einen Software-Codec zurückgreifen müssen.

2 Wählen Sie den *Codec* aus, mit dem die Vorschau in Premiere Pro erstellt werden soll.   **Codec**

Welche Codecs auf einem System verfügbar sind, richtet sich nach dem durch die Vorgabe festgelegten oder im vorherigen Fenster ausgewählten Bearbeitungsmodus. Je nach Videokartenhersteller finden Sie hier den auf die jeweilige Karte abgestimmten Codec.

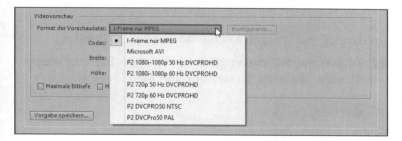

Abb. L2.15: Welcher Kompressor soll es sein?

Verwechseln Sie Dateiformate nicht mit Codecs. Ein AVI-File sagt beispielsweise noch nichts über die verwendete Kompression aus, sondern allenfalls etwas über die verwendete Multimedia-Architektur.

Spuren

Die Einstellungen der *Spuren* steuern die Anzahl der Videospuren und die Anzahl sowie die Art der Audiospuren für neu erstellte Sequenzen. Eine solche Sequenz kann aus einer beliebigen Kombination aus Mono-, Stereo- und 5.1-Surround-Spuren bestehen.   **Spuren**

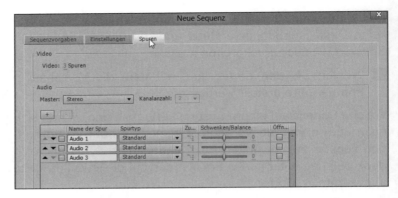

Abb. L2.16: Legen Sie das Aussehen des Projektfensters fest

Im Bereich *Video* legen Sie die Anzahl der Spuren fest.

3 Zeigen Sie auf die Vorgabe und ziehen Sie den erscheinenden Regler in die gewünschte Richtung.

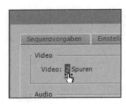

Abb. L2.17:
Die Anzahl der Spuren reduzieren (oder vergrößern)

Zwar können Sie jederzeit Spuren hinzufügen oder löschen, die Anzahl der von einer Spur verwendeten Kanäle kann jedoch nach der Erstellung der Spur nicht mehr geändert werden.

Audio-Typen Im Bereich *Audio* können Sie zwischen drei Typen wählen:

- *Mono*: Wenn die Aufnahme nur einen Kanal enthält.
- *Stereo*: Hier befinden sich zwei Kanäle (links und rechts).
- *5.1*: In diesem Fall sind drei vordere Kanäle (links, Mitte und rechts), zwei hintere Kanäle bzw. Surround-Kanäle (links und rechts) und ein LFE-Kanal (*Low Frequency Effects*), der an einen Subwoofer-Lautsprecher geroutet wird, enthalten.

4 Die Einstellungen nehmen Sie mithilfe der kleinen Schaltflächen vor den Zahlen vor oder Sie tragen die gewünschten Werte direkt ein und bestätigen mit ⏎.

Vorgabe speichern

Sicherlich werden Sie diese umfangreichen Arbeiten nicht jedes Mal machen wollen. Das brauchen Sie auch nicht. Nachdem Sie nämlich alle Projekteinstellungen vorgenommen haben, können Sie diese bequem abspeichern.

1 Klicken Sie dazu auf die Schaltfläche *Vorgabe speichern*, die sich im unteren Bereich des Dialogfensters befindet.   **Vorgabe speichern**

Abb. L2.18:
Speichern Sie Ihre mühsam vorgenommenen Einstellungen ab!

2 In dem erscheinenden Dialogfenster *Einstellungen speichern* vergeben Sie einen Namen, unter dem diese Eingaben im Projekteinstellungsfenster erscheinen sollen.   **Projekteinstellungen speichern**

Zusätzlich können Sie noch erläuternde Anmerkungen machen.

Abb. L2.19:
Hier können Sie Angaben zu dem Projekt machen

3 Schließen Sie dieses Fenster mit *OK* und verfahren Sie mit dem Fenster *Projekteinstellungen* ebenso.

In Zukunft können Sie beim Anlegen eines neuen Projekts im Bedarfsfall durch einfaches Klicken auf den Eintrag im Fenster *Neue Sequenz* dieses Preset bequem auswählen.

Abb. L2.20: Greifen Sie auf selbst erstellte Presets zurück

Möchten Sie diese Einstellungen nicht mehr verwenden, dann können Sie sie durch einen einfachen Klick auf die Schaltfläche *Vorgabe löschen* entfernen.

Ein Projekt fortführen

Im Folgenden wird davon ausgegangen, dass Sie bereits ein Projekt angelegt haben und dieses nun fortführen möchten.

1 Klicken Sie im Fenster *Willkommen bei Adobe Premiere Pro* auf den entsprechenden Link unter *Aktuelle Projekte*.

Abb. L2.21: Ein vorhandenes Projekt (wieder) öffnen

Anschließend sollten Sie die Projekteinstellungen noch ergänzen.

Projekt-einstellungen

2 Rufen Sie über die Menüfolge *Projekt / Projekteinstellungen / Allgemein* das Dialogfenster *Projekteinstellungen* auf den Schirm.

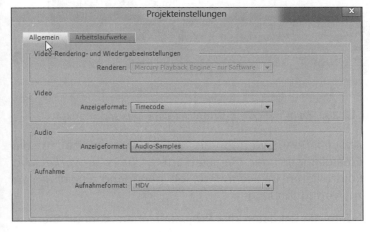

Abb. L2.22: Das Dialogfenster *Projekteinstellungen*

Im unteren Teil finden Sie den *Bereich für geschützte Titel und geschützte Aktion*.

Mit der ersten Angabe legen Sie fest, wie viel vom Framerand als geschützter Bereich für Titel markiert wird. Damit verhindern Sie, dass Titel durch Fernseher abgeschnitten werden, die das Bild etwas größer zoomen. *Die zweite Angabe zeigt an,* wie viel vom Framerand als geschützter Bereich für Aktionen markiert werden soll, damit Aktionen nicht durch Fernseher abgeschnitten werden.

3 Im Monitorfenster erkennen Sie diesen Bereich durch ein Rechteck mit Fadenkreuz (**2**), sofern Sie die Einstellung *Sichere Ränder* über die Schaltfläche *Einstellungen* (**1**) aktiviert haben.

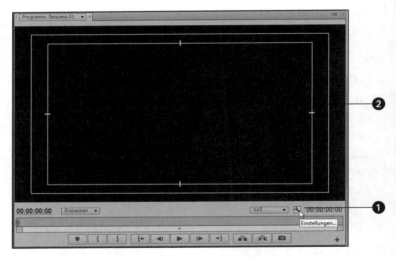

Abb. L2.23: Zeigt die geschützten Bereiche des Monitors an

4 Abschließend werfen Sie noch einen Blick in die Einstellungen der Registerkarte *Arbeitslaufwerke* und kontrollieren insbesondere, ob genügend Speicherplatz zur Verfügung steht.

Nachdem die Eckdaten des Projekts stehen, können Sie sich an die Bereitstellung der Videos machen.

L3 Videomaterial bereitstellen

Nachdem Sie ein Projekt angelegt haben, fehlt Ihnen nur noch das Arbeitsmaterial, damit es losgehen kann. Im Einzelnen geht es somit um das Bereitstellen des Schnittmaterials, also darum, dass das Ihnen vorliegende Bildmaterial auf Ihren PC gebracht und dort digital abgespeichert werden muss.

Prinzipiell werden Sie es mit zwei Medien zu tun haben:

- analogen Medien, die Sie aufnehmen
- digitalen Medien, die Sie importieren

Die gebräuchlichsten waren lange Zeit die analogen Medien. Sie kennen diese in der Form von Videofilmen, herkömmlichen Tonbändern, Dias oder Papierbildern. Das bedeutet, dass die Aufnahmen in einer Speicherform vorliegen, mit der ein Computer nichts anfangen kann. Deshalb müssen sie digitalisiert werden, bevor man sie auf dem Computer abspeichern und verarbeiten kann. Obwohl infolge der Digitalisierung sich auch hier Geräte für digitale Medien mehr und mehr durchsetzen, ist der Anteil an analog aufgenommenem und gespeichertem Video- und Tonmaterial immer noch recht hoch, sodass man sicherlich auch in Zukunft noch mit analogen Aufnahmen zu tun haben wird. Denken Sie nur einmal daran, wie viele Videoschätzchen in Ihren Schränken schlummern. **Analoge Medien**

Premiere Pro ist auf die Digitalisierung dieser Aufnahmen vorbereitet und ermöglicht Ihnen, analoge Videoinformationen mit dem Programm zu digitalisieren, wenn Sie einen analogen Videorekorder oder eine analoge Kamera über eine Digitalisierungshardware, eine sogenannte Videoschnittkarte, an Ihren Computer anschließen.

Im Gegensatz dazu handelt es sich bei den digitalen Medien um solche, die in einem für einen Computer lesbaren Dateiformat gespeichert sind und folglich direkt von ihm bearbeitet **Digitale Medien** werden können. Wie bereits erwähnt, ist diese Medienform stark auf dem Vormarsch, da es mittlerweile eine Reihe an erschwinglichen Kameras und Audiorekordern gibt. DV-Camcorder zeichnen die aufzunehmenden Informationen bereits im digitalen Format auf, sodass das Material lediglich auf den Computer überspielt und als Clip abgelegt werden muss.

Egal, ob Sie nun Ihre Videos erst digitalisieren müssen oder sie direkt digital auf Ihren Computer übertragen, der eigentliche Aufnahmevorgang gestaltet sich im Wesentlichen gleich.

Analoge Medien

Verfügen Sie (noch) über einen analogen Camcorder, dann geht es nach der eigentlichen Aufnahme darum, das Material von diesem auf den PC zu übertragen, da ja die vorliegenden analogen Medien digitalisiert werden müssen. Hierbei können Sie wählen, ob Sie die Aufnahme direkt in Premiere Pro oder über ein eigenständiges Programm vornehmen möchten.

Analoges Videomaterial aufnehmen

1 Um analoges Videomaterial aufzunehmen, müssen Sie zuerst den Camcorder oder Videorekorder an die im System integrierte Aufnahmekarte anschließen.

Dazu verbinden Sie im einfachsten Fall die entsprechenden *S-Video*-Anschlüsse sowie die Anschlüsse für Audio links/rechts des Camcorders mit denen Ihrer Videoaufnahmekarte.

Abb. L3.1:   Auf diese Anschlüsse kommt es an

Den eigentlichen Aufnahmedialog starten Sie analog zur digitalen Aufnahme:

2 Sie rufen die Menübefehlsfolge *Datei / Aufnehmen* auf, um das Fenster *Aufnehmen* zu erhalten, das Ihnen die erforderlichen Aufnahmefunktionen zur Verfügung stellt.

3 In diesem Fenster sollten Sie noch einmal überprüfen, ob alle Projekteinstellungen Ihren Vorgaben entsprechen.

Dazu steht Ihnen auf der rechten Seite auf der Registerkarte *Einstellungen* der Bereich *Aufnahmeeinstellungen* zur Verfügung, in dem Sie über die Schaltfläche *Bearbeiten* schnell eventuelle Fehleinstellungen korrigieren können.

4 Im Bereich *Aufnahme-Speicherort* prüfen Sie, welche Festplatte bzw. welche Partition für die Ablage des Videomaterials vorgesehen ist und ob beispielsweise der vorhandene Speicherplatz noch ausreicht. Ist das nicht der Fall, dann können Sie nach Anklicken der Schaltfläche *Durchsuchen* den Pfad verändern.

5 Drücken Sie die *Play*-Taste an Ihrem Videorekorder, sodass die Aufnahme abgespielt wird.

Im Vorschaufenster können Sie das laufende Bild betrachten.

6 Ist die gewünschte Stelle erreicht, klicken Sie auf die Schaltfläche *Aufnehmen* oder betätigen die Taste [G].

Abb. L3.2:   Starten Sie die Aufnahme

Sofort beginnt die Aufnahme. Alles, was Sie jetzt im Vorschaufenster sehen, wird bereits aufgezeichnet und direkt auf Ihre Festplatte geschrieben.

Auf diese Weise können Sie die Aufnahme gleich mitverfolgen und überprüfen. Zudem erhalten Sie oberhalb des Fensters detaillierte Informationen zu Ihrer Aufnahme.

7 Möchten Sie die Aufnahme beenden, dann drücken Sie einfach die [Esc]-Taste.

Daraufhin wird Ihnen ein weiteres Dialogfenster gezeigt. In diesem können Sie nun Angaben zu der eben aufgenommenen Szene machen, anhand derer Sie diese später schneller identifizieren oder zuordnen können.

Abschließend finden Sie die so aufgezeichneten und beschrifteten Clips im Projektfenster wieder.

Digitale Medien

Digitale Medien können Sie entweder aufnehmen oder importieren.

Aufnahmen

Die Aufnahme von digitalen Videos hat dem analogen Aufnehmen voraus, dass das Bild direkt in ein digitales Format umgewandelt und sofort auf einer Festplatte gespeichert wird und somit nicht im Computer digitalisiert zu werden braucht. Konkret bedeutet das, dass die Clips lediglich auf den Computer übertragen werden müssen.

Verwenden Sie ein Aufnahmegerät mit einem Bandlaufwerk, dann benötigen Sie das Fenster *Aufnehmen*.

1 Aktivieren Sie zunächst über das Menü *Datei* das Dialogfenster *Aufnehmen*.

Da Sie dieses Dialogfenster häufiger benötigen, ist es hilfreich, sich den Tastencode [F5] zu merken.

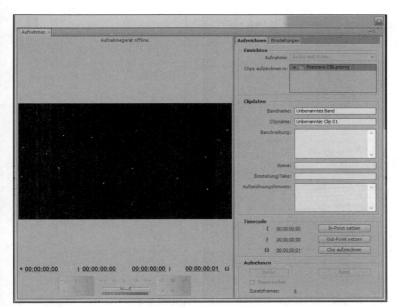

Dialogfenster Aufnehmen

Abb. L3.3: Auf dieses Fenster kommt es an

Premiere Pro erlaubt eine direkte und verlustfreie Übertragung von HDV- oder DV-Material.

Diese Einstellungen finden Sie auf der Registerkarte *Einstellungen*, die Sie auf der rechten Seite des Dialogfensters *Aufnehmen* finden.

2 Klicken Sie darauf, um die Einstellungen einzusehen (siehe Abbildung L3.4).

Wie Sie sehen, ist diese Registerkarte in drei Bereiche unterteilt:

- *Aufnahmeeinstellungen*
- *Aufnahme-Speicherort*
- *Gerätesteuerung*

Abb. L3.4:
Wechseln Sie zur Registerkarte *Einstellungen*

Aufnahmeeinstellungen

Aufnahme-einstellungen

Im oberen Bereich *Aufnahmeeinstellungen* finden Sie gegenwärtig die Angabe *Aufnahmeformat DV*, die Sie bei der Festlegung des Projekts gemacht haben.

1 Klicken Sie auf die Schaltfläche *Bearbeiten*, um in dieses Dialogfenster zu gelangen.

2 Im folgenden Dialogfenster können Sie das *Aufnahmeformat* einstellen (siehe Abbildung L3.5).

Als Nächstes sollten Sie Ihre Kamera mit dem Computer verbinden.

Verfügt Ihre Kamera über einen IEEE-1394-Anschluss, müssen Sie zunächst die DV-Kamera an diesen anschließen. Verfügt sie dagegen über einen USB-Anschluss, dann wählen Sie diesen.

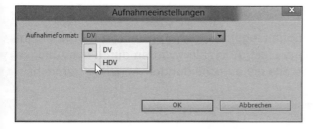

Abb. L3.5: Das Aufnahmeformat einstellen

3 Stecken Sie das Kabel mit einem IEEE-1394- bzw. USB-Steckverbinder in den DV-E/A-Anschluss am Videorekorder und das andere Ende des Anschlusses in die Steckverbindung des Systems bzw. der eingebauten Schnittkarte.

Abb. L3.6:
Verbinden Sie die Kamera mit der entsprechenden Schnittstelle des Rechners (links IEEE-1394, rechts USB)

Manche DV-Camcorder müssen zur Aktivierung des IEEE-1394-Anschlusses an den Netzadapter angeschlossen sein. Bei anderen wird wiederum der Schlafmodus eingeschaltet, wenn sie sich ohne Bandaktivität für eine gewisse Zeit im Kameramodus befinden. Um daraus möglicherweise entstehende Probleme im Vorfeld zu eliminieren, sollten Sie den Camcorder beim Arbeiten mit Premiere Pro stets an den Netzadapter anschließen.

Aufnahme-Speicherort

Aufnahme-Speicherort

Mit diesen Optionen legen Sie den Speicherort für die Video- bzw. Audiodateien fest. Auch hier wurden durch das Anlegen des Projekts bereits die entscheidenden Angaben gemacht.

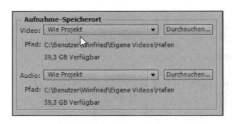

Abb. L3.7:
Die gegenwärtigen Einstellungen für die Speicherorte

Im Bedarfsfall (etwa wenn der Speicherplatz knapp werden sollte) ändern Sie diese wie folgt:

1. Klicken Sie auf die Schaltfläche *Durchsuchen* und
2. stellen Sie den neuen Pfad ein.

Gerätesteuerung

Gerätesteuerung

Im unteren Bereich mit der Bezeichnung *Gerätesteuerung* können Sie Premiere Pro genau auf Ihre Hardware einrichten.

Wenn Sie sich einmal die Schaltflächen unterhalb des Monitorbereichs anschauen, werden Sie erkennen, dass diese inaktiv sind.

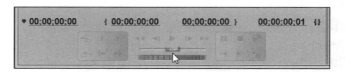

Abb. L3.8: Die (inaktive) Gerätesteuerung

Verfügen Sie über ein framegenaues Gerät (Videorekorder oder Kamera) mit einem Verbindungskabel für den Anschluss des Geräts an Ihren Computer (zum Beispiel ein IEEE-1394-Kabel), das die externe Gerätesteuerung unterstützt, können Sie mithilfe dieser Schaltflächen die Kamera steuern.

Dazu sind folgende Schritte notwendig:

1 Klicken Sie zunächst im Bereich *Gerätesteuerung* auf das Listenfeld *Gerät*, um die entsprechende Option *DV/HDV-Gerätesteuerung* auszuwählen.

Abb. L3.9:
Die *Steuerung* für ein DV-Gerät aktivieren

Dadurch wird die darunterliegende Schaltfläche *Optionen* aktiviert.

2 Klicken Sie darauf.

Sie erhalten das Dialogfenster *Einstellungen für DV-/HDV-Gerätesteuerung*. Mithilfe dieses Fensters können Sie zunächst Ihre Kameramarke einstellen.

3 Aktivieren Sie das Feld *Gerätemarke* und wählen Sie den Hersteller Ihrer Kamera aus.

Gerätemarke

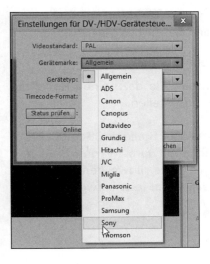

Abb. L3.10:
Wählen Sie zuerst die *Gerätemarke* aus

Gerätetyp

4 Danach stellen Sie über das Feld *Gerätetyp* – sofern vorhanden – das konkrete Modell ein.

Je nach Hersteller erhalten Sie hier eine mehr oder minder große Liste.

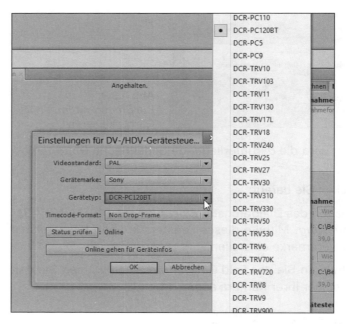

Abb. L3.11: Anschließend stellen Sie noch den *Gerätetyp* ein

5 Schalten Sie an dieser Stelle Ihre Kamera ein.

Bei den meisten Geräten müssen Sie dazu einen Hebel auf *VCR*, also den Wiedergabemodus, stellen.

Gegebenenfalls installiert an dieser Stelle das Betriebssystem zunächst die Gerätetreibersoftware. Warten Sie kurz diesen Vorgang ab. Über ein kleines Hinweisfenster erhalten Sie den Hinweis, dass das Gerät jetzt verwendet werden kann.

6 Durch Anklicken der Schaltfläche *Status prüfen* können Sie nun feststellen, ob die Kommunikation funktioniert.

Status prüfen

Befindet sich anschließend neben der Schaltfläche *Status prüfen* die Meldung *Online*, hat Premiere Pro die Kamera erkannt und Sie können mit der Gerätesteuerung arbeiten.

Abb. L3.12: Die Kamera wurde erkannt

7 Schließen Sie mit *OK* das Dialogfenster, um das gleich einmal zu überprüfen.

Die Schaltflächen der Gerätesteuerung sollten jetzt aktiv sein.

Abb. L3.13: Die Gerätesteuerung ist jetzt aktiv

Entspricht alles Ihren Vorstellungen, kann es losgehen.

Mit den Schaltflächen der Gerätesteuerung können Sie nun wie mit einem herkömmlichen Videorekorder die Aufnahme steuern.

Aufnahme starten

1 Um die Aufnahme zu starten, spulen Sie zunächst das Band an die betreffende Stelle.

Aufnahme starten

2 Dann klicken Sie einfach auf den roten Punkt.

Premiere Pro startet nun die Aufzeichnung.

Abb. L3.14: Und los geht es mit der Aufnahme

Im Vorschaufenster können Sie das laufende Bild betrachten. Zusätzlich bekommen Sie oberhalb des Vorschaubereichs genauere Informationen angezeigt.

Aufnahme unterbrechen

③ Möchten Sie die Aufnahme unterbrechen, betätigen Sie die Schaltfläche *Pause*, die Sie an den zwei senkrechten Strichen erkennen.

Abb. L3.15: Hiermit können Sie die Aufnahme unterbrechen

Aufnahme stoppen

④ Um die Aufnahme zu stoppen, klicken Sie auf die links neben der *Aufnahme*-Schaltfläche befindliche Schaltfläche *Anhalten*. Sie erkennen sie an dem schwarzen Rechteck, welches blau wird, wenn Sie den Mauszeiger daraufbewegen.

Abb. L3.16: Und so halten Sie die Aufnahme an

Alternativ können Sie hier aber auch die [Esc]-Taste betätigen.

Sie erhalten das Dialogfenster *Aufgenommenen Clip speichern*. In diesem können Sie – sofern Sie wollen – Angaben zu der Sequenz machen.

Angaben zur Aufnahme

Abb. L3.17: Angaben zur Aufnahme anlegen

5 So können Sie einen *Clipnamen* sowie eine genauere Angaben zu der Szene vergeben und weitere Angaben hinterlegen.

Wenn Sie mehrere Clips anlegen, werden Sie sicherlich bald für die kleine Mühe des Ausfüllens entschädigt werden.

Angaben, die Sie im Bereich *Clipdaten* des Aufnahmefensters eintragen, werden Ihnen im Fenster *Aufgenommenen Clip speichern* als Vorgabe präsentiert.

Lernen 3: Videomaterial bereitstellen

Abb. L3.18: Je genauer Sie einen Clip bezeichnen, umso besser!

6 Mit *OK* schließen Sie dieses Fenster.

Sie befinden sich dann wieder im Dialogfenster *Aufnehmen* und können nun weitere Clips aufzeichnen.

Bevor Sie sich jetzt aber ans Werk machen, sollten Sie noch einen Blick in das Projektfenster werfen.

7 Dazu ziehen Sie gegebenenfalls das Fenster über die Titelleiste etwas zur Seite, um den Blick frei zu bekommen.

Wie Sie sehen, finden Sie den Clip im Projektfenster wieder.

Abb. L3.19: Der eben aufgezeichnete Clip im Projektfenster

Szenen

Sicherlich werden Sie jetzt noch weitere Szenen aufzeichnen wollen. Gehen Sie dabei entsprechend den eben gemachten Ausführungen vor und vergessen Sie nicht, die Szenen zu beschriften.

Szenen suchen

Nicht immer werden Sie die Szenen aber direkt hintereinander aufgezeichnet haben.

In diesen Fällen können Sie mit Premiere Pro sogar Ihre Kamera mithilfe der folgenden Tasten fernsteuern und die entsprechende Szene einstellen:

◄◄ Mit einem Klick auf *Zurückspulen* spulen Sie die Aufnahme zurück.

◄I Mit der Schaltfläche *Schritt zurück* spulen Sie die Aufnahme um einen Frame zurück. Sie können so zu einer Stelle zurückspulen, die Sie eben gesehen hatten, an der Sie aber die Aufnahme nicht schnell genug stoppen konnten.

▶ Um das Abspielen der Aufnahme zu starten, klicken Sie einmal auf die Schaltfläche *Abspielen*.

I▶ Mit der Schaltfläche *Schritt vorwärts* können Sie die Aufnahme um jeweils einen Frame vorfahren.

▶▶ Die Schaltfläche *Schneller Vorlauf* ermöglicht ein schnelles Abspielen, sodass Sie die entscheidende Stelle rascher ausfindig machen und die restlichen Stellen schneller überspringen können.

Die Steuerung mit der Maus ist nicht immer praktisch. Rascher können Sie diese Arbeiten über die entsprechenden Tasten erledigen. Um das Abspielen zu starten, betätigen Sie [S], um zurückzuspulen [R], um einen Frame zurückzugehen [←], einen Schritt vorwärts gelangen Sie durch [→], den schnellen Vorlauf schalten Sie mit [F] ein und anhalten tun Sie das Ganze mit einem Tipp auf [S].

Nicht immer werden Sie mithilfe dieser Schaltflächen eine bestimmte Stelle exakt anfahren können. In einem solchen Fall helfen die folgenden Schaltflächen weiter:

 Ein Klick auf *Langsame Wiedergabe* bewegt die Aufnahme zeitlupenartig nach vorne und ermöglicht Ihnen so, genau die gewünschte Stelle anzufahren.

 Sollten Sie die gewünschte Stelle überfahren haben, dann können Sie über die Schaltfläche *Umgekehrte langsame Wiedergabe* die Aufnahme im Zeitlupenformat rückwärts abspielen.

Wenn Sie das Arbeiten mit einem sogenannten *Jog-Shuttle* gewohnt sind, brauchen Sie in Premiere Pro nicht darauf zu verzichten. Auf der linken Seite neben der Zuspielsteuerung finden Sie einen entsprechenden Schieberegler, der Ihnen echtes Jog-Shuttlen ermöglicht.

Abb. L3.20: Premiere Pro erlaubt auch komfortables Shuttlen

Szenenerkennung

Möchten Sie die Aufnahme gleich in praktische Einzelclips zerlegt bekommen, dann aktivieren Sie die *Szenenerkennung*. Bei dieser praktischen Option wird der aufgenommene Film anhand der gespeicherten Aufnahmesignale in einzelne Clips zerlegt. Die Szenenerkennung „merkt" also, wann Sie beim Filmen die Aufnahme unterbrochen haben.

Die Szenenerkennung ist bei Premiere Pro standardmäßig deaktiviert.

1 Um sie einzuschalten, müssen Sie einfach die Schaltfläche *Szene suchen* unterhalb des Aufnahmemonitors aktivieren.

2 Starten Sie dann die Aufnahme.

Abb. L3.21: Die automatische Szenenerkennung aktivieren

Verwenden Sie ruhig die automatische Szenenerkennung. Die Clips sind dann wesentlich leichter in einem Projekt zu arrangieren, weil man bestimmte Sequenzen einfach weglassen kann.

Aufnahmeplanungen

Sicherlich haben Sie sich bis jetzt noch keine großen Gedanken über die Art und Weise der Aufnahmen gemacht, sondern waren froh, dass Sie so unkompliziert Ihr Videomaterial auf den PC bekommen haben.

Aufnahmeplanungen

Vorüberlegungen

Doch spätestens wenn es „richtig" zur Sache geht, sollten Sie sich Gedanken über die Größe Ihrer Clips machen. Um zu üben, haben Sie die Szenen digitalisiert, die Sie benutzen wollten. Dabei haben Sie vermutlich bis zu der Szene, die Sie interessierte, gespult und die Aufnahme gestartet. Nachdem das Ende der Szene erreicht war, haben Sie vermutlich die *Anhalten*-Taste gedrückt und den Clip abgespeichert.

Diese Arbeitsweise werden Sie unter Umständen auch beibehalten. Bei einem digitalen Schnitt ist es nämlich nicht notwendig, auf möglichst wenig Schnitte zu achten, denn es gibt anders als beim althergebrachten Schnitt keine Verluste. Und Premiere Pro kommt dieser Arbeitsweise entgegen. Denn wie Sie im Folgenden noch sehen werden, können Sie diese Videoschnipsel einfach zusammensetzen und am Schluss auf ein Videoband bannen. Nachteilig ist lediglich, dass Sie mit vielen Dateien herumhantieren müssen und der ständige Wechsel zwischen Aufnahme und Bearbeitung Sie vielleicht nervt.

Verfügen Sie über genügend Festplattenkapazität, könnten Sie auf die Idee kommen, den umgekehrten Weg zu gehen. Sie digitalisieren bzw. speichern zunächst in einem Rutsch das gesamte Material auf den Computer. Vermutlich werden Sie eine gigabytegroße Datei erhalten, die aber das gesamte Material enthält. Nun müssen Sie aus dieser Datei nur noch die unnötigen Teile entfernen und gegebenenfalls die Übergänge gestalten. Was sich so einfach anhört, birgt aber ein paar Nachteile in sich. Das Arbeiten mit einer so riesigen Datei ist sehr rechenintensiv und auch gefährlich, denn wenn diese eine Datei verloren geht, können Sie von vorne anfangen. Zudem ist es für das Arbeiten mit Premiere Pro nicht notwendig, denn Sie werden sehen, dass es viel leichter ist, einzelne Szenen hin- und herzuschieben, wenn diese in einzelnen Dateien vorliegen.

In- und Out-Points-Aufnahme

Geht es Ihnen auch so, dass Sie bei den meisten Clips am Anfang und am Ende mehr Material aufnehmen, als Sie später verwenden?

In- und Out-Points

Diese Vorgehensweise hat auch Sinn, denn so können Sie in Ruhe den Punkt finden, an dem es losgehen bzw. an dem Schluss sein soll. Und wie Sie im folgenden Kapitel noch sehen werden, ist es immer gut, ein wenig mehr Material für den Schnitt zu haben.

So kann man mit den Schaltflächen noch die Anfangsstelle einstellen und die Aufnahme starten. Aber sehr oft gelingt es einem nicht, am Ende der Szene schnell genug die *Anhalten*-Taste zu drücken. In diesem Fall kann man sich mit den sogenannten In- bzw. Out-Points *behelfen*. Der *In-Point* bezeichnet dabei den ersten Frame eines Clips und der *Out-Point* den letzten, der in dem Film erscheinen soll.

Diese Vorgehensweise des Aufzeichnens, die Sie gleich kennenlernen werden, bezeichnet man auch als *Trimmen*, d. h., man bringt die jeweiligen Szenen auf die gewünschte Länge, indem man die entsprechenden Ein- und Ausstiegspunkte (In- und Out-Points) setzt.

1 Starten Sie zunächst wie gewohnt das Band mithilfe der Schaltfläche *Abspielen* ▶.

2 Erscheint dann die Szene im Bild, bei der Sie starten möchten, führen Sie einen Klick auf die Schaltfläche *In-Point setzen* aus – später werden Sie sicherlich nur noch die Taste [I] betätigen – und schon ist die Szene markiert.

In-Point setzen

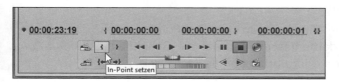

Abb. L3.22: Einen In-Point setzen

Die Aufnahme läuft weiter.

3 Erreichen Sie jetzt die Szene, an der Sie wieder aussteigen möchten, dann genügt ein Klick auf die Schaltfläche *Out-Point setzen*. Im Folgenden werden Sie sicherlich die Taste [O] zur Hilfe nehmen.

Out-Point setzen

Abb. L3.23: Den Out-Point setzen

Auch hier läuft das Band weiter.

4 Markieren Sie nun auf diese Weise die gewünschten Stellen und stoppen Sie das Band dann über die Schaltfläche *Anhalten* (oder durch einen Tipp auf [S]).

Lernen 3: Videomaterial bereitstellen

5 Möchten Sie später eine entsprechende Stelle ansteuern, dann genügt ein Klick auf die Schaltfläche *Zu In-Point gehen* oder tippen Sie die Taste [Q] an.

Abb. L3.24: So finden Sie die besagte Stelle wieder

Premiere Pro steuert dann im Schnelllauf diese Stelle an und hält dann an.

6 Wenn Sie dagegen den Out-Point suchen, dann klicken Sie dementsprechend auf die Schaltfläche *Zu Out-Point gehen* oder tippen auf die Taste [W].

Haben Sie so alle Stellen beisammen, müssen Sie nur noch die eigentliche Aufnahme starten.

7 Klicken Sie dazu auf die Schaltfläche *In/Out*, die Sie im Bereich *Aufnehmen* finden.

Abb. L3.25: In- bzw. Out-Point-Aufnahme starten

Premiere Pro spult das Band an die entsprechenden Stellen und startet dann die Aufnahme. Wenn der Out-Point erreicht wird, stoppt das Programm und präsentiert Ihnen das Dialogfenster *Aufgenommene Datei speichern*.

8 Legen Sie in diesem Dialogfenster abschließend die entsprechenden Informationen für die Aufnahme fest.

Möchten Sie diese Art der Aufnahme beenden bzw. finden Sie, dass Sie einen Out-Point zu früh gesetzt haben, dann können Sie jederzeit mit einem Klick auf die Schaltfläche *Band* die Aufnahme fortsetzen.

Abb. L3.26: Die Aufnahme mit einem Klick auf *Band* weiterführen

Möchten Sie, dass Premiere Pro die Clips gleich in die einzelnen Szenen zerlegt, aktivieren Sie noch das Kontrollkästchen *Szene suchen*.

Szene suchen

Abb. L3.27: Die Szenenerkennung aktivieren

Batchaufnahme

Wenn Sie mehrere Clips von einem Band aufnehmen und immer wieder dieselben Handgriffe machen, werden Sie sich schnell nach einer automatischen Funktion sehnen. Und die gibt es: Mithilfe einer sogenannten *Batchaufnahme* können Sie automatisch und ohne Eingriff von außen mehrere Clips ein und desselben Bandes „in einem Rutsch" digitalisieren. Dazu müssen Sie lediglich eine Liste der Segmente, also Szenen, erstellen, die im Batchlistenfenster aufgenommen werden sollen.

Batchaufnahme

1 Starten Sie zunächst die Filmaufnahme wie gewohnt über das Menü *Datei / Aufnehmen*.

Als Nächstes müssen Sie die Clips nun bildgenau definieren, man spricht hier auch von *Loggen*.

2 Nehmen Sie deshalb wie im vorherigen Abschnitt dargestellt die einzelnen Szenen mithilfe von In- bzw. Out-Points auf.

Erst wenn Sie so die Clips aufgezeichnet haben, können Sie Batchaufnahmen davon erstellen.

3 Geben Sie zunächst dem Videoband einen Namen und legen Sie dann den Startpunkt im Feld *In* fest. Lassen Sie dazu das Band an die gewünschte Stelle laufen und klicken Sie dann auf die Schaltfläche *In-Point setzen* ❶.

4 Erreicht das Band dann den gewünschten Endpunkt, klicken Sie auf *Out-Point setzen* ❷, um den Schluss festzulegen.

5 Klicken Sie dann im Bereich *Timecode* auf die Schaltfläche *Clip aufzeichnen* ❸.

Abb. L3.28: Den Clip aufzeichnen

6 Legen Sie nun auf diese Art und Weise alle gewünschten Szenen fest.

7 Ist das getan, schließen Sie das *Aufnehmen*-Fenster.

8 Wählen Sie dann im Projektfenster die gewünschten Offlinedateien bzw. die Ablage mit den entsprechenden Dateien aus und rufen Sie über das Menü *Datei* den Eintrag *Batchaufnahme* auf.

Für spätere Durchgänge können Sie sich vielleicht gleich das Tastenkürzel F6 merken.

Abb. L3.29: Vorarbeiten für das Erstellen einer Batchdatei

Stellen Sie dabei sicher, dass der DV-Rekorder richtig eingerichtet und das entsprechende Band eingelegt ist.

9 Klicken Sie auf *OK*, um die Aufnahme zu starten.

Abb. L3.30: Starten Sie die Batchaufnahme

Premiere Pro wechselt in den Aufnahmemodus und spult das Band an die jeweilige Stelle.

Abb. L3.31: Premiere Pro sucht die Stelle

Hat es diese gefunden, startet der Aufnahmevorgang. Den Fortgang desselben können Sie sehr schön der Anzeige oberhalb des Vorschaufensters erkennen.

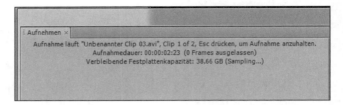

Abb. L3.32: Die Batchaufnahme ist in vollem Gange

Clip für Clip wird angefahren, eingelesen, vom Programm abgespeichert und ins Projektfenster gestellt. Einfacher geht es kaum noch.

Nachdem Premiere Pro Ihren Stapelauftrag (nichts anderes heißt der englische Begriff auf Deutsch) abgearbeitet hat, erhalten Sie eine kleine Meldung.

Abb. L3.33:
Die Batchaufnahme ist fertig

Wenn Sie anschließend einen Blick in das Projektfenster werfen, werden Sie sehen, dass das Symbol verschwunden ist und stattdessen das erste Bild des Clips angezeigt wird.

Abb. L3.34: Die durch Batchaufnahme aufgezeichneten Clips

Digitale Aufnahmen

Etwas anders verläuft der Import bei einem AVCHD- oder HDV-Aufnahmegerät, also einem, das eine bandlose Aufzeichnung auf digitale Datenträger vornimmt.

Clips importieren

Nachdem Sie hier die Kamera eingeschaltet haben, wird hier oft ein Dialogfenster des Herstellers geöffnet, über welches Sie die Videoclips importieren können.

Dialogfenster Importieren

Abb. L3.35: Das Importfenster eines Kameraherstellers

In diesem Fenster können Sie mithilfe der Kontrollkästchen über den Vorschaubildern entscheiden, ob Sie den betreffenden Clip importieren wollen oder nicht.

Wird kein derartiges Fenster automatisch geöffnet, dann müssen Sie selbst tätig werden.

1 Rufen Sie die Menüfolge *Datei / Importieren* auf.

2 Sie erhalten das gleichnamige Dialogfenster.

Abb. L3.36: Das Dialogfenster *Importieren* von Premiere

3 In diesem sollten Sie zunächst den Speicherort mit den zu importierenden Dateien einstellen.

4 Anschließend markieren Sie die Clips (einzelne nacheinander mit gedrückter Strg-Taste).

5 Wenn Sie alle beisammen haben, klicken Sie auf die Schaltfläche *Öffnen*, um den Import von der Kamera zu starten.

Premiere Pro macht sich an die Arbeit und kopiert die Videos nun von Ihrer Kamera auf die Festplatte.

Abb. L3.37: Die Medien werden gerade kopiert

Je nach Umfang kann dieser Vorgang eine Weile dauern. Nach Abschluss finden Sie die Clips im Fenster *Projekt* angeordnet.

Abb. L3.38: Die Clips wurden importiert

Clips verwalten

Die zentrale Schaltstelle Ihrer Arbeit mit Premiere ist – wie schon gesehen – das Fenster *Projekt*, denn hier verwalten Sie alle Bestandteile Ihres Videoprojekts. Im diesem Fenster befinden sich alle Originalclips, die Sie für ein Projekt aufgenommen bzw. in ein Projekt importiert haben, auch wenn Sie diese im aktuellen Projekt gar nicht verwenden. Genauer gesagt werden hier die Verweise auf die Clips abgespeichert, sodass Sie stets Zugriff darauf haben.

Dabei wird jeder Clip mit einem Vorschaubild angezeigt.

Die Darstellungsweise können Sie mithilfe der Schaltflächen *Listenansicht* und *Symbolansicht* einstellen. Letztere stellt die Standardeinstellung dar.

1 Klicken Sie auf die Schaltfläche *Listenansicht*, um die listenmäßige Darstellung zu erhalten, die Ihnen mehr Informationen bietet.

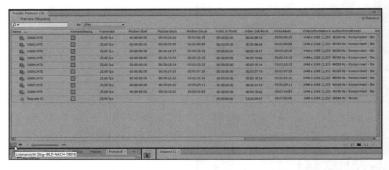

Abb. L3.39: Auf die *Listenansicht* umschalten (Fenster vergrößert)

Um den Überblick zu behalten und ein wenig Ordnung ins System zu bringen, können Sie weitere Unterablagen anlegen.

2 Klicken Sie dazu auf das Menüfeld des Fensters und wählen Sie den Eintrag *Neue Ablage* an.

Alternativ können Sie auch auf das Ordnersymbol *Neue Ablage* in der Statusleiste des Fensters klicken.

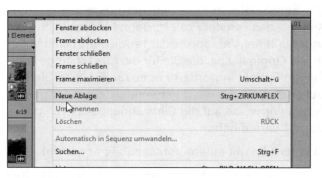

Abb. L3.40: Eine neue Ablage erstellen

Premiere fügt am Ende der Auflistung einen neuen Ordner ein und gibt Ihnen gleich die Gelegenheit, die Beschriftung zu ändern.

3 Überschreiben Sie einfach die Vorgabe *Ablage 01* mit der von Ihnen gewünschten Bezeichnung.

Abb. L3.41: Den neuen Ablageordner beschriften

Mithilfe dieser Ordner können Sie beispielsweise die Clips themenartig sortieren und so eine bessere Übersicht erhalten.

Selbstverständlich können Sie eine solche Ablage wie auch einen vorhandenen Clip löschen.

4 Markieren Sie die Ablage oder den Clip, den Sie aus der Vorschau entfernen wollen, und klicken Sie anschließend auf den Kontextmenüpunkt *Löschen*.

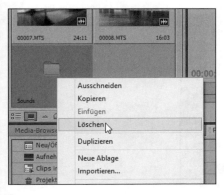

Abb. L3.42: Einen Clip aus der Vorschau entfernen

Alternativ können Sie auch auf das Mülleimersymbol *Löschen* in der Statusleiste des Fensters klicken.

Befinden Sie sich in der Listenansicht, können Sie entscheiden, in welcher Reihenfolge die Videos angezeigt werden.

5 Klicken Sie auf die Spaltenbezeichnung, um die Reihenfolge der Sortierung zu ändern.

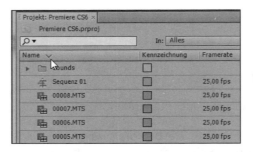

Abb. L3.43: In welcher Reihenfolge sollen die Clips angezeigt werden?

In der Statusleiste finden Sie noch die Schaltfläche *Neues Objekt*, die es Ihnen an dieser Stelle ermöglicht, eine Reihe an Objekten, die Sie noch im Verlaufe dieses Buchs kennenlernen werden, auch an dieser Stelle zu erstellen.

Abb. L3.44: Weitere neue Objekte anlegen

L4 Videoclips arrangieren

Nach so viel Vorbereitung möchten Sie nun sicherlich Ihre Videoclips bearbeiten. Keine Sorge. In diesem Kapitel lernen Sie das, was bei der digitalen Bearbeitung am Computer am meisten Freude bereitet, nämlich das Erstellen von fertigen Filmen. Wenn Sie sich schon einmal am guten alten (analogen) *linearen Schnitt* versucht haben, dann kennen Sie sicherlich die Problematik, dass man da keinen Fehler machen durfte. Bei dieser Schnitttechnik war man bedacht, die Aufnahme möglichst ohne große Zwischenschnitte aus der Kamera oder dem Videoband auf das fertige Band zu schneiden.

Anders dagegen in Premiere. Mithilfe dieses Programms können Sie diese Schneideaktionen nahezu spielerisch bewältigen. Ihren Ideen und Ihrer Kreativität steht fast nichts im Wege. Premiere ist nämlich ein Meister im Anordnen von Clips und des *nicht linearen* Schnitts. Bei diesem werden die Videos zuerst auf den Computer gelesen, mit Premiere bearbeitet und schließlich wieder auf den Videorekorder zurückgegeben oder in eine Datei gespeichert.

Bevor Sie mit dem eigentlichen Schnitt beginnen, sollten Sie ungefähr wissen, welche Szenen Sie zusammenfügen wollen. Auch wenn Sie keine Action à la James Bond planen, ein kleines Drehbuch – und sei es nur eine Ablaufliste – wird Ihnen das Arbeiten enorm erleichtern. Dieses Drehbuch können Sie dann mithilfe des sogenannten Storyboards in Premiere schnell umsetzen.

Ein Rohschnitt auf die Schnelle: das Storyboard

Wäre es jetzt nicht schön, wenn Sie aus den vielen Clips, die Sie bisher aufgenommen haben, sozusagen im Handumdrehen einen Film zusammenstellen könnten? Nicht möglich,

Storyboard

meinen Sie? Doch! Premiere verfügt über eine Funktion, die Sie sicherlich auf Anhieb begeistern wird.

Auch wenn Sie bisher noch nicht mit Premiere gearbeitet haben, werden Sie gleich verstehen, was damit gemeint ist. Es handelt sich um das sogenannte *Storyboard*-Fenster, mit dessen Hilfe sich die in den Film zu importierenden Mediadateien zunächst problemlos arrangieren lassen, bevor Sie sie auf das Schnittfenster ziehen. Statt wie früher nun Clip für Clip auf das Schnittfenster zu ziehen, können Sie diesen Schritt in Premiere automatisch in einem Durchgang erledigen. Auf diese Art und Weise erhalten Sie schnell ein Ergebnis, das Sie später immer noch verbessern können. Mithilfe eines Storyboards können Sie Ihr Projekt visualisieren und planen, bevor die Aufnahme beginnt.

1 Starten Sie Premiere.

Im Eingangsbildschirm können Sie per Mausklick das im vorherigen Kapitel angelegte Projekt starten. Sie finden es unterhalb der Bezeichnung *Aktuelle Projekte* ❶ aufgelistet.

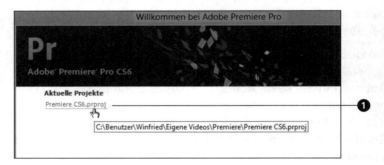

Abb. L4.1: Ein vorhandenes Projekt starten

2 Zeigen Sie einfach mit der Maus darauf und klicken Sie einmal.

Premiere lädt daraufhin alle Dateien, die Sie zusammengeschnitten haben.

Wie Sie sehen, befinden sich die entsprechenden Clips bereits im Projektfenster und Sie könnten sofort loslegen.

Projektfenster einrichten

Für das weitere Arbeiten ist es hilfreich, wenn Sie sich dieses Fenster zunächst einrichten.

3 Sollten Sie sich nicht in der *Symbolansicht* befinden, klicken Sie zunächst auf diese Schaltfläche.

Abb. L4.2: Lassen Sie sich die Clips als Symbole anzeigen

Alternativ können Sie sie auch über das Bedienfeldmenü *Ansicht / Symbol* auswählen (Sie erhalten es, wenn Sie auf die Schaltfläche mit den vier horizontalen Strichen am oberen rechten Rand der Palette klicken) oder noch schneller durch Drücken von [Strg] + [Bild↓].

Wie Sie dann sogleich sehen, werden Ihnen die Clips nun in einem Storyboard-ähnlichen Raster angezeigt.

Einrichten der Clips

Als Nächstes widmen Sie sich den einzelnen Clips, um sie für den Schnitt vorzubereiten. An dieser Stelle werden Sie übrigens gleich sehen, wie sinnvoll es ist, dass die Clips in kleineren Einheiten vorliegen, denn so ersparen Sie sich an dieser Stelle den Schnitt. Im *Storyboard* werden die Szenen nämlich einfach durch Aneinanderfügen zusammengesetzt. Doch der Reihe nach.

Clips anordnen ■ Rufen Sie das Fenstermenü auf und wählen Sie den Menüpunkt *Vorschaubereich*.

Abb. L4.3:   Den Vorschaubereich anzeigen lassen

■ Wählen Sie den ersten Clip aus, um ihn im Vorschaubereich oben im Projektfenster anzeigen zu lassen.

Abb. L4.4:   Wählen Sie den ersten Clip aus

Neben der Vorschau werden Ihnen zwei Symbole eingeblendet.

- Mit der unteren Schaltfläche *Abspielen* können Sie den Clip zu der Szene bewegen, bei der Sie starten möchten. Alternativ können Sie auch die Bildlaufleiste unter dem Vorschaubild an die gewünschte Stelle ziehen.

Abb. L4.5: Den Clip in der Vorschau abspielen

- Wenn Sie ein Bild gefunden haben, das den Inhalt des Clips am aussagekräftigsten wiedergibt, klicken Sie auf die Schaltfläche *Titelframe*, um dieses Bild als Miniaturbild des Clips einzurichten.

Abb. L4.6: Festlegen des Titelframes

Wenn Sie den Titelframe nicht einrichten, wird der In-Point eines Clips (wenn Sie keinen festgelegt haben, der erste Frame eines Clips) als Miniaturbild verwendet.

Dieses Bild wird daraufhin in den Vorschaubereich des Projektfensters übernommen.

3 Verfahren Sie anschließend mit allen Clips auf die gleiche Art und Weise.

Anordnen der Clips zu einem Storyboard

Nun geht es los: Ziehen Sie einfach alle Clips, die Sie arrangieren wollen, in die gewünschte Reihenfolge. Keine Sorge, wenn Sie einmal einen falschen Clip erwischen: Sie können die Reihenfolge jederzeit verschieben.

Clips anordnen

1 Zeigen Sie dazu einfach auf einen Clip, klicken Sie, halten Sie die Maustaste gedrückt und verschieben Sie den Clip an die gewünschte Stelle.

Abb. L4.7:   Einen Clip durch Schieben anordnen

Die Stelle, an der Sie den Clip einfügen können, erkennen Sie an dem senkrechten schwarzen Strich.

2 Dort angekommen, lassen Sie die Maustaste einfach los.

Premiere fügt den Clip dann sofort an dieser Stelle ein.

Abb. L4.8:   Der verschobene Clip an seiner Position

3 Auf diese Art und Weise bringen Sie alle Clips in die gewünschte Reihenfolge.

Lücken entstehen in dieser Version – anders als noch bei einigen Vorgängerversionen – nicht mehr, sodass Sie nicht mehr aufräumen müssen.

Einzelne Clips bearbeiten

Nicht selten werden Sie den Wunsch verspüren, den einen oder anderen Clip zu bearbeiten.

1 In einem solchen Fall doppelklicken Sie auf einen Clip, um ihn in der Originalansicht des Monitorfensters zu öffnen.

Abb. L4.9: Einen Clip im Vorschaufenster öffnen

Hier können Sie den Clip mit den Steuerelementen für die Wiedergabe betrachten.

2 Klicken Sie dazu auf die Schaltfläche *Wiedergabe*.

3 Um den ersten in der Sequenz entscheidenden Frame festzulegen, klicken Sie an besagter Stelle auf die Schaltfläche *In-Point markieren* oder tippen auf [I].

Clip bearbeiten

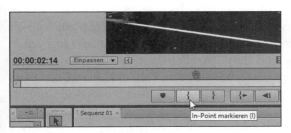

Abb. L4.10: Die entscheidende Stelle durch einen In-Point markieren

4 Den letzten einzuschließenden Frame legen Sie dann durch Klicken auf die Schaltfläche *Out-Point markieren* oder Betätigen der Taste [O] fest.

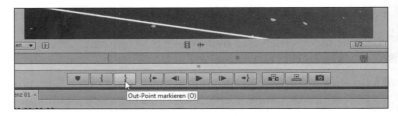

Abb. L4.11: Anschließend den Out-Point setzen

Wie Sie sehen, setzt man In- und Out-Points, um die Teile der Clips festzulegen, die man verwenden möchte. Das wird insbesondere dann der Fall sein, wenn die Originalclips mehr Filmmaterial enthalten, als in die fertige Sequenz aufgenommen werden soll.

Das Arbeiten mit dem Storyboard dient oftmals einem ersten Durchgang, man spricht auch von *Rohschnitt*. Sie können, wie Sie weiter unten erfahren werden, jederzeit die einzelnen Clips exakter bearbeiten.

Einzelne Clips mehrfach einsetzen

Sie möchten ein und denselben Clip in Ihrem Projekt mehrmals einsetzen? Dann können Sie zwei verschiedene Vorgehensweisen wählen.

Clip mehrfach einsetzen

- Zunächst einmal können Sie einen Originalclip beliebig oft zu einer Sequenz hinzufügen. Die im Folgenden zu zeigenden Schritte sind dann gar nicht notwendig. Wenn Sie jedoch lediglich einen bestimmten Teil, d. h. eine Szene aus einem Clip, an verschiedenen Stellen verwenden möchten, ist es hilfreich, sich eine Kopie des Clips zu erstellen und die entscheidende Stelle als *Titelframe* festzulegen.

1 Um eine Clipkopie zu erstellen, markieren Sie zunächst diesen Clip.

2 Klicken Sie mit der rechten Maustaste auf den Clip und wählen Sie den Eintrag *Duplizieren* ❶. Alternativ können Sie auch die Menüfolge *Bearbeiten / Duplizieren* aufrufen.

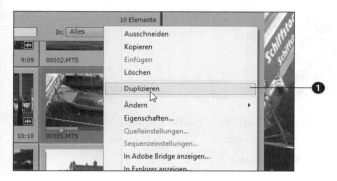

Abb. L4.12: Einen Clip duplizieren (Menü verkürzt!)

Premiere fügt dann diesen Clip in das Storyboard – sprich das Projektfenster – ganz am Ende ein und versieht den Dateinamen mit dem Zusatz *Kopie*.

Abb. L4.13: Ein duplizierter Clip (in der Listenansicht)

Wenn Ihnen dieser Name nicht behagt, dann können Sie ihn rasch ändern.

3 Markieren Sie die Clipkopie und rufen Sie das Menü *Clip / Umbenennen* auf.

4 Überschreiben Sie einfach den vorhandenen Namen durch den neuen.

Abb. L4.14: Umbenennen der Kopie

Clip löschen Benötigen Sie einen Clip nicht mehr, dann können Sie ihn einfach aus der Liste löschen.

1 Markieren Sie ihn und

2 klicken Sie dann auf die Schaltfläche mit der Mülltonne (sie trägt die Bezeichnung *Löschen*).

Abb. L4.15: Einen Clip löschen

Clips auswählen

Nachdem Sie alles so vorbereitet haben, wählen Sie die Clips aus, die der Sequenz hinzugefügt werden sollen.

Dazu können Sie auf zweierlei Weise vorgehen:

Clip auswählen

- Wenn Sie alle Aufnahmen im Projektfenster aufnehmen möchten, wählen Sie die Menüreihenfolge *Bearbeiten / Alles auswählen*.

- Sollen dagegen nur bestimmte Aufnahmen aufgenommen werden, dann klicken Sie bei gedrückter [Strg]-Taste auf diese, um sie der Auswahl hinzuzufügen oder daraus zu entfernen.

Abb. L4.16: Hier wurden zwei Clips ausgewählt

Sicherlich erschließt sich Ihnen jetzt der Sinn und Zweck, warum Sie die Aufnahmen zunächst in die richtige Abfolge gebracht haben.

Erstellen einer neuen Sequenz

Nachdem Sie alles angeordnet haben, muss das Storyboard nur noch in einen Film umgewandelt werden. Dazu müssen Sie die bearbeiteten Clips einer neuen Sequenz hinzufügen.

Sequenz

Vom Storyboard zur Sequenz

Auch dieser Vorgang geht unproblematisch vonstatten.

◼ Markieren Sie zunächst die betreffenden Clips.

◼ *Klicken* Sie dann am unteren Rand des Projektfensters auf die Schaltfläche *Automatisch in Sequenz umwandeln*.

Abb. L4.17: Auf diese Schaltfläche kommt es an!

Sie erhalten daraufhin das Dialogfenster *Automatisch in Sequenz umwandeln*.

Hier können Sie eine Reihe an Einstellungen vornehmen:

- Zunächst können Sie die *Sortierreihenfolge* oder *Auswahlreihenfolge* im Feld *Anordnung* ❶ festlegen. Wenn Sie – wie weiter oben beschrieben – die Clips umgeordnet haben, ist die erste Option die richtige.

Darüber hinaus können Sie folgende Einstellungen vornehmen:

- Im Listenfeld *Platzierung* ❷ sollten Sie ruhig die Einstellung *Nacheinander* belassen, da Sie einen Rohschnitt erstellen.

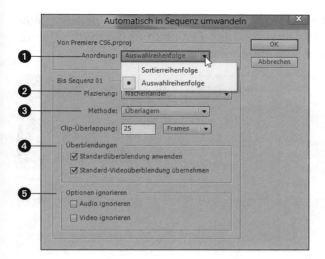

Abb. L4.18: Legen Sie die Einstellungen der neuen Sequenz fest

- Welche Option Sie im Listenfeld *Methode* ❸ wählen (Sie können zwischen *Einfügen* oder *Überlagern wählen*), ist in diesem Fall unwichtig, da die Sequenz ja noch keine Clips enthält.

- Schließlich können Sie noch die Optionen für die *Überblendungen* ❹ festlegen. Zum gegenwärtigen Stand sollten Sie auch hier die Vorgaben belassen und die standardmäßige Audio- oder Videoüberblendung verwenden. Um die Dauer der Überblendung festzulegen, geben Sie einen Wert in das Feld *Clip-Überlappung* ein. Premiere Pro fügt hier eine Überblendung ein. Das heißt, die Bilder beider Clips fließen ineinander über und sorgen so für einen harmonischen Übergang.

- Auch im Bereich *Optionen ignorieren* ❺ sollten Sie es vorerst bei den Standardeinstellungen belassen. Wenn Sie die Video- oder die Audiospuren ausschließen möchten, aktivieren Sie dagegen das entsprechende Kontrollkästchen.

- Ist alles nach Ihren Vorstellungen, dann setzen Sie einen Klick auf *OK*.

Wie Sie sehen, werden die so ausgewählten Clips sofort entsprechend den angegebenen Optionen im Schnittfenster zu einer Sequenz zusammengestellt.

Abb. L4.19: Die eben erstellte Sequenz im Schnittfenster

Vorschau

Sicherlich würden Sie Ihr Video gern einmal auf dem Monitor oder einem angeschlossenen Fernseher betrachten. Kein Problem! Premiere verfügt über eine elegante *Vorschau*.

Vorschau

1 Nachdem Sie alle Szenen in Ihr Video eingefügt haben, drücken Sie einfach einmal die ⏎-Taste.

Daraufhin berechnet Premiere ein Vorschauvideo, man spricht von *Rendern*, und zeigt Ihnen den Verlauf in einem kleinen Hinweisfenster an.

Dieser Vorgang kann aber – je nach Umfang und Ihrer Rechnerausstattung – ein wenig Zeit in Anspruch nehmen.

Abb. L4.20: Anlegen der Vorschau

Anschließend zeigt Ihnen Premiere den eben zusammengeschnittenen Film im Monitorfenster auf der rechten Seite in der Sequenzvorschau an. Gleichzeitig können Sie den Ablauf im Schnittfenster anhand der sich weiterbewegenden Positionsmarkierung verfolgen.

Abb. L4.21: Die fertige Sequenz in der Vorschau

2 Beenden können Sie die Vorschau mit einem einfachen Klick auf die Schaltfläche *Abspielen/Stopp* oder durch Betätigen der [Leer]-Taste.

Arrangements per Drag & Drop

Auch wenn die Storyboard-Funktion sehr schnell ein brauchbares Ergebnis liefert, werden Sie bei bestimmten Sequenzen trotzdem selbst Hand anlegen wollen. Wie Sie dabei vorgehen, erfahren Sie im Folgenden.

1 Starten Sie gegebenenfalls das Programm.

2 Sobald das Einstiegsdialogfenster erscheint, wählen Sie das gewünschte *Aktuelle Projekt* aus oder klicken auf die Schaltfläche *Neues Projekt*.

Mediendaten bereitstellen

Sollten Sie sich für ein neues Projekt entschieden haben, müssen Sie die betreffenden Mediendaten zusammenstellen.

Mediendaten   Natürlich können Sie an dieser Stelle die Clips wieder aufnehmen. Sollten Sie die Videos bereits digitalisiert haben, dann ist die Funktion *Importieren* der schnellere Weg.

1 Rufen Sie dazu die Menüreihenfolge *Datei / Importieren* auf oder drücken Sie die Tastenkombination [Strg] + [I].

2 Im folgenden Dialogfenster suchen Sie den Speicherort der Videoclips auf und markieren den Clip, den Sie in Ihr Projekt aufnehmen wollen (siehe Abbildung L4.22).

Wie Sie anhand des voreingestellten Dateityps sehen, zeigt Premiere Ihnen alle unterstützten Medien an.

3 Klicken Sie einmal auf das Listenfeld, um diese zu betrachten (siehe Abbildung L4.23).

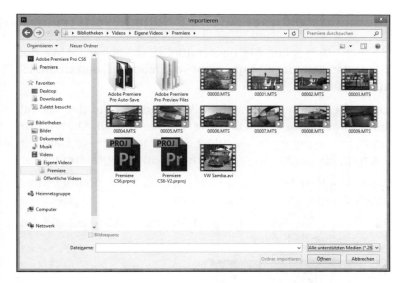

Abb. L4.22: Importieren eines Clips von der Festplatte

Abb. L4.23: Die Unterstützung der Formate ist schon beeindruckend

4 Wenn Sie dann auf die Schaltfläche *Öffnen* klicken, wird der Clip in das Projektfenster importiert.

Je nach Größe der Datei kann das eine Weile dauern.

Mediendaten über Adobe Bridge bereitstellen

Je mehr Videoclips Sie bevorraten, desto schneller werden Sie feststellen, dass es gar nicht so einfach ist, den Überblick zu behalten.

Doch Sie haben einen starken Verbündeten bei der Verwaltung Ihrer Bilddateien zur Seite: *Adobe Bridge*. Dieses programmübergreifende Modul ist der zentrale Ort zur Dateiverwaltung für alle Komponenten der Adobe-Programmfamilie.

Adobe Bridge Mit seiner Hilfe können Sie Bilder auf Ihrem Computer schnell ausfindig machen. Und das geht so:

1 Starten Sie *Adobe Bridge* durch einen Klick auf die entsprechende Kachel.

Abb. L4.24: Adobe Bridge CS6 starten

Premiere startet das Modul und präsentiert es Ihnen in einem eigenen Fenster.

Standardmäßig befinden Sie sich zunächst in dem Ordner *Eigene Dateien*, die Ihnen im Vorschaubereich als kleine Miniaturen angezeigt werden.

2 Stellen Sie über die Registerkarte *Ordner* den Dateispeicherort Ihrer Videos ein und suchen Sie den Clip, den Sie importieren wollen.

3 Um einen Videoclip zu importieren, müssen Sie ihn anschließend nur per Drag & Drop in das Projektfenster von Premiere ziehen.

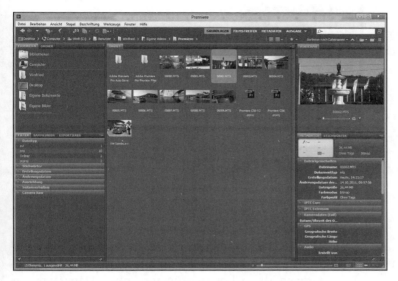

Abb. L4.25: Einen Clip über Adobe Bridge importieren

Mediendaten im Schnittfenster anordnen

Haben Sie die Clips importiert, geht es im Folgenden darum, diese Mediendateien zu schneiden, d. h. zu einem Film zusammenzufassen.

Ihr Hauptarbeitswerkzeug wird dabei die Maus sein. Alle benötigten Werkzeuge, die Sie für den Schnitt Ihres Materials brauchen, finden Sie auf dem Bedienfeld *Werkzeuge*.

1 Sollte dieses gegenwärtig nicht auf dem Schirm sichtbar sein, dann wählen Sie einfach die Menüreihenfolge *Fenster / Werkzeuge* an.

Fenster Werkzeuge

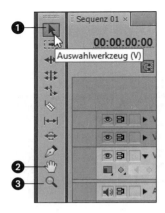

Abb. L4.26: Die Werkzeuge

Für die ersten Aktionen werden Sie das *Auswahlwerkzeug* ❶ (den schwarzen Pfeil), das *Hand-Werkzeug* ❷ und das *Zoomwerkzeug* ❸ benötigen.

Auswahlwerkzeug
- Standardmäßig ist immer das Auswahlwerkzeug aktiviert. Mit diesem Werkzeug markieren Sie einzelne Clips und können diese dann bei gedrückter linker Maustaste im Schnittfenster an die gewünschte Position verschieben. Wie Sie weiter unten noch sehen werden, können Sie zudem mit diesem Werkzeug auf recht einfache Weise Clips zurechtschneiden.

Hand-Werkzeug
- Mit dem *Hand-Werkzeug* können Sie den Ausschnitt des Schnittfensters rasch nach rechts oder links verschieben. Um von diesem praktischen Werkzeug auf die Funktion des Auswahlwerkzeugs zu gelangen, drücken Sie einfach die [H]-Taste und schon können Sie einen einzelnen Clip verschieben.

Zoomwerkzeug
- Mithilfe des Zoomwerkzeugs können Sie sich schließlich schnell einen Überblick verschaffen. Wählen Sie es aus und klicken Sie anschließend auf den Teil des Schnittfensters, der detaillierter angezeigt werden soll. Alternativ können Sie auch ein Rechteck um den anzuzeigenden Bereich ziehen.

2 Das gewünschte Werkzeug wählen Sie durch Anklicken aus.

Übernahme ins Schnittfenster

Zentraler Ort in Premiere, in dem die Szenen angeordnet werden, ist das Schnittfenster.

Und so nehmen Sie einen Videoclip in dieses Fenster auf: **Schnittfenster**

1 Wählen Sie den Clip im Projektfenster aus.

Sicherlich werden Sie sich jetzt fragen, wohin Sie den Clip ziehen sollen. Wie Sie sehen, stehen Ihnen im Projektfenster verschiedene Spuren zur Auswahl. Jeder dieser Spuren ist eine besondere Aufgabe zugeordnet. Deshalb ist es wichtig, dass Sie auch die richtige Spur verwenden. Da an dieser Stelle Videoclips eingefügt werden sollen, sind sicherlich die Spuren mit der Bezeichnung *Video* relevant.

2 Ziehen Sie nun bei gedrückter linker Maustaste den ersten Clip in das Schnittfenster auf die Spur *Video 1*.   **Clip platzieren**

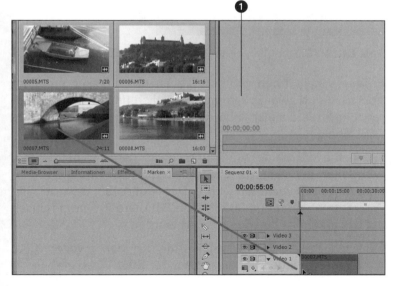

Abb. L4.27:   Einen Clip ins Schnittfenster ziehen

Sobald Sie mit der Maus über der Videospur *Video 1* angekommen sind, sehen Sie den Clip in Form eines grünen Balkens, der die Position und die Länge des Videoclips in der Spur anzeigt.

3 Ziehen Sie gegebenenfalls diesen Balken so an den Anfang, dass er genau an der Position *0:00:00:00* **❶** der Timeline steht.

4 Wenn Sie diese Position erreicht haben, lassen Sie einfach die Maustaste los und schon platziert Premiere den Clip an der gewünschten Stelle.

Abb. L4.28: Dieser Clip wurde an die richtige Position gebracht

Premiere stellt Ihnen nun den Clip als einen Balken mit einer Vorschau und zwei Ecken dar. Zusätzlich finden Sie am oberen Ende die Dateiangabe, was das spätere Zuordnen des Clips erleichtert.

Wenn Sie die obige Abbildung etwas genauer betrachten, wird Ihnen auffallen, dass zusätzlich die Spur *Audio 1* mit einem Balken **❶** versehen wurde. Das liegt daran, dass der Clip Toninformationen enthält, die von Premiere Pro automatisch auf der ersten Audiospur platziert werden.

5 Wiederholen Sie diese Schritte für den zweiten Clip. Allerdings legen Sie diesen auf der Spur *Video 2* ab.

Sobald Sie über dieser Spur sind, sehen Sie wieder den grünen Balken und können den Clip anordnen.

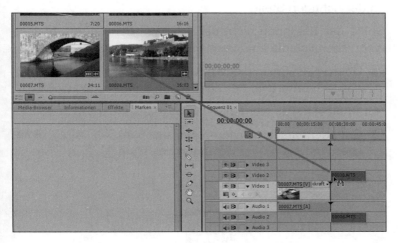

Abb. L4.29: Legen Sie den zweiten Clip in Spur *Video 2* ab

Wie Sie bemerken werden, ist es recht einfach, den neuen Clip möglichst an das Ende des ersten zu ziehen, da der neue wie von einem Magneten geführt an den ersten gezogen wird.

Trotzdem kann es mal passieren, dass Sie den Clip nicht direkt an den ersten angeschlossen haben.

6 In diesem Fall richten Sie mithilfe des *Auswahlwerkzeugs* und des dünnen Strichs auf dem Lineal die beiden Clips passgenau aneinander aus.

Abb. L4.30: Nehmen Sie die Linie und das Lineal zum Ausrichten

Wie Sie sehen, brauchen Sie den Clip nur ein wenig an den anderen heranzuziehen und schon platziert Premiere Pro ihn an der richtigen Stelle.

Sollte das bei Ihnen nicht der Fall sein, dann dürfte höchstwahrscheinlich die entsprechende Funktion deaktiviert sein.

7 Überprüfen Sie in diesem Fall, ob das Symbol *Ausrichten*, das sich unterhalb der Zeitangabe befindet, aktiviert ist.

Nur in diesem Fall werden die Clips aneinandergezogen.

8 Gegebenenfalls aktivieren Sie die Funktion durch einfaches Anklicken oder Betätigen der Taste [S].

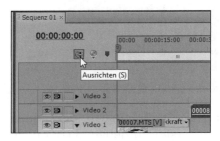

Abb. L4.31: Einschalten der *Ausrichten*-Funktion

Sicherlich ist Ihnen aufgefallen, dass der zweite Clip auf der Spur *Video 2* kein Vorschaubild anzeigt.

Das liegt daran, dass diese Spur aus Platzgründen zusammengefaltet ist.

1 Möchten Sie ihr das gleiche Aussehen wie Spur *Video 1* geben, dann müssen Sie auf den kleinen nach rechts weisenden Pfeil klicken.

Danach wird Ihnen diese Spur genauso wie die Spur *Video 1* angezeigt.

2 Verfahren Sie jetzt mit allen Szenen, die Sie in Ihren Film einfügen wollen, auf die gleiche Art und Weise.

Abb. L4.32: Die aufgefaltete Spur *Video 2*

Schnittfenster-Optionen

Nicht immer werden Sie mit der standardmäßigen Einstellung zufrieden sein. Insbesondere werden die Clips nur symbolisch dargestellt und man kann oft nur erahnen, um welche Szene es geht.

In einem solchen Fall können Sie die Ansicht einfach vergrößern.

Ansicht vergrößern

1 Aktivieren Sie das *Zoomwerkzeug* und zeigen Sie auf den Bereich, den Sie vergrößern wollen.

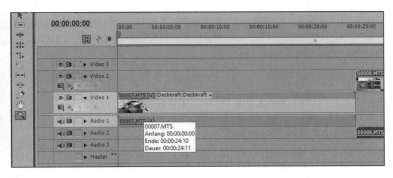

Abb. L4.33: Die Ansicht vergrößern

2 Wenn das Werkzeug die Form einer Lupe mit einem roten Pluszeichen annimmt, klicken Sie einmal, um die Ansicht um eine Stufe zu vergrößern.

Ansicht verkleinern

Möchten Sie die Ansicht wieder verkleinern, dann

1 halten Sie zusätzlich die [Alt]-Taste, während Sie auf den Bereich klicken. Zur Kontrolle wechselt das rote Pluszeichen in der Lupe in ein rotes Minuszeichen.

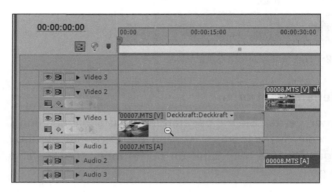

Abb. L4.34: Und zurück!

Wie Sie gesehen haben, werden die einzelnen Clips in Form von grünen Balken in das Schnittfenster eingefügt. Diese Ansicht ist sehr übersichtlich. Zwar ändert sich die Ansicht mit dem Vergrößerungsgrad. Doch wäre es nicht praktisch, wenn man zumindest erkennen könnte, mit welchem Bild der Clip endet bzw. anfängt?

Man kann! Sie können den Anzeigestil für jede Spur festlegen.

Anzeigestil festlegen

1 Klicken Sie dazu auf das kleine Symbol *Anzeigestil festlegen*, welches sich in der zweiten Zeile unterhalb des Augensymbols befindet.

Mithilfe dieser Schaltfläche können Sie das Aussehen vielfältig gestalten. Sie erhalten ein Menü, über das Sie die gewünschten Einstellungen vornehmen können.

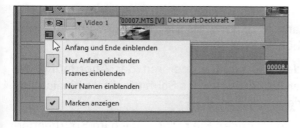

Abb. L4.35: Anzeigestil festlegen

2 Wählen Sie die gewünschte Ansicht durch Anklicken aus.

Je nachdem, für welche Option Sie sich entscheiden, sieht der Clip dann wie folgt aus:

Option	Beschreibung	Beispiel
Anfang und Ende einblenden	Bei dieser Einstellung werden der erste und der letzte Frame angezeigt.	
Nur Anfang einblenden	In diesem Fall wird nur der erste Frame angezeigt. (Das ist die Standardeinstellung.)	
Frames einblenden	Diese Option zeigt alle Frames (je nach Vergrößerungsgrad werden Bilder ausgelassen) an.	
Nur Namen einblenden	Hier sind alle Vorschauframes ausgeblendet und nur der Clipname wird angezeigt.	

Tab. L4.1: Anzeigestile

Wenn Sie einige Szenen eingeblendet haben, werden Sie einen weiteren Wunsch verspüren, nämlich den nach einer

Übersicht. Je mehr Clips sich im Schnittfenster befinden, umso länger kann es dauern, bis Sie an die gewünschte Stelle gescrollt haben.

Vielleicht werden Sie nicht immer mit der Anordnung der Spuren bzw. der Proportionen des Schnittfensters hinsichtlich der Größe zufrieden sein.

Die Höhe einer Spur können Sie recht einfach im Spurheaderbereich korrigieren.

1 Platzieren Sie den Mauszeiger des Schnittfensters zwischen zwei Spuren bzw. zwischen der Video- und der Audiospur, sodass das Symbol für die Höhenanpassung angezeigt wird.

Abb. L4.36: Höhe der Spuren korrigieren

2 Ziehen Sie dann den Mauszeiger nach oben oder unten, um die Höhe Ihren Vorstellungen anzupassen.

Clip-Aktionen

Sie haben alle Clips angeordnet und stellen fest, dass Sie einen vergessen haben? Oder Sie haben aus Versehen einen Clip zu viel eingefügt? Keine Sorge, Sie müssen nicht ganz von vorne anfangen!

Clips nachträglich umordnen

Clips lassen sich nach Belieben verschieben.

1 Markieren Sie dazu den Clip, den Sie an eine andere Stelle setzen möchten. **Clips umordnen**

2 Klicken Sie mit der linken Maustaste darauf und verschieben Sie ihn mit dem *Auswahlwerkzeug* bei gedrückter Maustaste auf derselben Spur an die Stelle, an die er gesetzt werden soll.

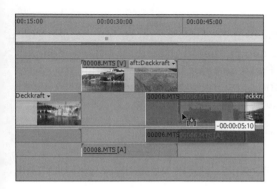

Abb. L4.37: Den letzten Clip auf der Spur nach vorne verschieben

3 Schieben Sie dann den zweiten Clip nach hinten.

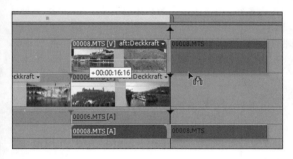

Abb. L4.38: Den zweiten Clip nach hinten verschieben

Nun ist nur noch ein wenig Handarbeit erforderlich.

4 Passen Sie abschließend noch die Reihenfolge an, indem Sie den Videoclip in die andere Videospur ziehen.

5 Anschließend verfahren Sie mit der Audiospur ebenso.

Gegebenenfalls müssen Sie diese Aktion noch für die weiteren Clips durchführen, da durch die Verschiebeaktion die Reihenfolge der beiden Videospuren durcheinandergeraten ist. Da Premiere jedoch die Enden „magnetisch" ausgestattet hat, ist das Verschieben in die jeweilige andere Spur bei gedrückter Maustaste kein Problem und Sie haben rasch Ordnung geschaffen.

Sie können die Clips noch einfacher umordnen, wenn Sie während des Vorgangs die [Strg]-Taste gedrückt halten. Dann wird beim Platzieren der Clips der überlagerte Clip nicht etwa gelöscht, sondern nach hinten verschoben, und die Lücke wird automatisch geschlossen.

Clips löschen

Clips löschen

1 Um einen Clip im Schnittfenster zu löschen, markieren Sie ihn.

Zur Kontrolle wird er mit einem dicken Rand versehen.

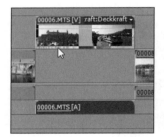

Abb. L4.39:
Bereit zum Löschen

2 Abschließend drücken Sie die [Entf]-Taste und schon ist der Clip entfernt.

Beim Löschen entstehen nun Lücken, die Sie von Hand schließen können, oder Sie lassen sich von Premiere Pro helfen.

3 Klicken Sie dazu mit der rechten Maustaste in die Lücke und bestätigen Sie das Kontextmenü *Löschen und Lücke schließen*.

Abb. L4.40: Lücke durch entfernte Clips schließen

Einen Clip kann man auch dadurch „löschen", dass man einen anderen darüberzieht. Die überlagerten Teile werden durch den neuen Clip gelöscht. Vorteil dieser Aktion ist, dass keine Lücken entstehen.

Clip umbenennen

Gerade bei größeren Projekten kann es nötig werden, einen Clip umzubenennen.

Hierzu gehen Sie wie folgt vor:

Clips umbenennen

1. Wählen Sie den entsprechenden Clip aus und
2. rufen Sie den Menüpunkt *Clip / Umbenennen* auf. Schneller geht es, wenn Sie mit der rechten Maustaste auf den Clip klicken und dann den entsprechenden Eintrag aufrufen.
3. Tragen Sie in das Feld *Clipname* einen neuen Namen ein und klicken Sie auf *OK*.

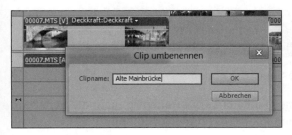

Abb. L4.41: Clips lassen sich umbenennen

Dieser Name wird Ihnen dann auf der Spur angezeigt.

Abb. L4.42: Der neue Name

Spuren verwalten

Wenn Sie mit mehreren Spuren arbeiten, werden Sie die folgenden Möglichkeiten bald zu schätzen wissen.

Spuren ausblenden

Oft ist es hilfreich, bestimmte Spuren auszublenden. Deshalb ist es möglich, dass Sie beliebige Spuren aus Vorschau- oder Exportvorgängen ausschließen können, die dann nicht mehr in der Programmansicht angezeigt werden.

Spur ausblenden

🔳 Um eine Spur einer Sequenz auszublenden, klicken Sie einfach auf das Augensymbol am linken Rand der jeweiligen Spur.

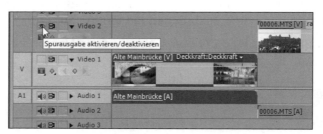

Abb. L4.43: Eine Spur ausblenden

Anders als man es vielleicht erwartet, wird nicht die Vorschau auf den Clip ausgeblendet, sondern Sie sehen das Ergebnis beispielsweise, wenn Sie die ⏎-Taste betätigen. Dann wird der Clip nämlich nicht mehr im Sequenzen-Vorschaufenster angezeigt.

2 Möchten Sie alle Spuren des gleichen Typs ausschließen, dann halten Sie einfach die ⇧-Taste gedrückt, während Sie auf das Augensymbol klicken.

Spuren gegen Veränderung schützen

Gerade wenn Sie mit mehreren Clips arbeiten, kann es leicht passieren, dass Sie aus Versehen den einen oder anderen Clip verschieben oder gar löschen. Das können Sie durch das Schützen einer ganzen Spur verhindern.

1 Um eine Spur zu schützen, müssen Sie lediglich auf die Schaltfläche *Spursperre aktivieren/deaktivieren* klicken.

Spur schützen

Abb. L4.44: Eine Spur schützen

Wie Sie sehen, wird über eine geschützte Spur ein Muster aus Schrägstrichen gelegt. Das hat zur Folge, dass Clips in einer geschützten Spur nicht geändert werden, beim Anzeigen einer Vorschau oder beim Exportieren der Sequenz werden sie jedoch eingeschlossen.

> Sollen sowohl eine Videospur als auch die dazugehörige Audiospur geschützt werden, müssen Sie beide Spuren getrennt schützen.

2 Den Schutz heben Sie durch erneutes Anklicken des Schloss-Symbols wieder auf.

Spuren verwalten

Sie können die Spuren verwalten, indem Sie die Funktionen zum Umbenennen, Hinzufügen und Löschen von Elementen verwenden. Dabei brauchen Sie keine Angst zu haben, dass Ihre Originalclips verändert werden. Alle Clips in Ihrem Projekt sind auf der Festplatte gespeichert und im Projektfenster wird lediglich ein Verweis auf die einzelnen Dateien hinzugefügt. Ob Sie einen Clip in Premiere Pro umbenennen, bearbeiten oder löschen – die Originaldatei bleibt unverändert auf der Festplatte erhalten.

Spur verwalten

Eine Spur wählen Sie am besten mit dem *Spurauswahl-Werkzeug* aus.

1 Klicken Sie dazu auf das entsprechende Werkzeug ❶ in der Werkzeugleiste und zeigen Sie auf den Clip.

2 Wenn der Mauszeiger die Form eines kleinen dicken Pfeils ❷ annimmt, klicken Sie einmal und schon ist die Spur markiert.

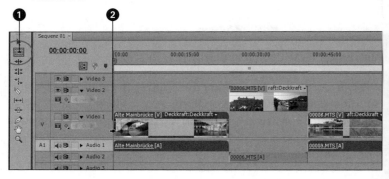

Abb. L4.45: Clips einer Spur auswählen

Spur umbenennen

3 Um eine Spur umzubenennen, müssen Sie lediglich bei aktiviertem *Auswahlwerkzeug* mit der rechten Maustaste auf den Namen der Spur klicken und dann aus dem Kontextmenü den Eintrag *Umbenennen* auswählen.

Abb. L4.46: Eine Spur umbenennen

4 Anschließend geben Sie einfach die neue Bezeichnung ein und bestätigen mit ⏎.

Abb. L4.47: Die umbenannte Spur

> Das Umbenennen einer Spur bietet sich beispielsweise dann an, wenn Sie bestimmte Clips, etwa Spezialeffekte, auf einer eigenen Spur abgelegt haben.

Um eine oder mehrere Spuren hinzuzufügen, sollten Sie zunächst wissen, dass jede Sequenz maximal 99 Video- und 99 Audiospuren enthalten kann.

1 In diesem Fall wählen Sie aus dem vorherigen Kontextmenü den Eintrag *Spuren hinzufügen* aus.

Spur hinzufügen

2 Im folgenden Dialogfenster *Spuren hinzufügen* können Sie dann die für die Spur relevante Angaben machen.

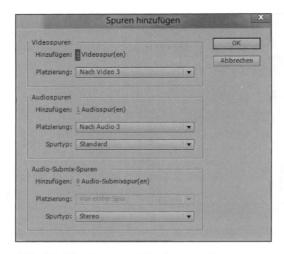

Abb. L4.48: Angaben für die neue Spur

So können Sie beispielsweise die gewünschte Spuranzahl in das Feld *Hinzufügen* für *Video-*, *Audio-* und *Audio-Submix-Spuren* eingeben, die *Platzierung* der hinzugefügten Spuren angeben sowie bei den *Audio-* und *Audio-Submix-Spuren* den *Spurtyp* festlegen.

Spur löschen

1 Um eine Spur zu löschen, klicken Sie in den Spurheaderbereich der betreffenden Spur und wählen aus dem Kontextmenü den Eintrag *Spuren löschen* aus.

2 Je nachdem, was Sie löschen möchten, aktivieren Sie im Dialogfeld *Spuren löschen* das Kontrollkästchen des zu löschenden Spurtyps.

Eine Spur können Sie rasch löschen, wenn Sie nach dem Markieren gleich die [Entf]-Taste drücken. Ferner sollten Sie alle Spuren (beispielsweise die Spur Video 3) löschen, die Sie nicht benötigen.

Abb. L4.49: Angaben für das Löschen von Spuren

L5 Videoclips schneiden

In diesem Kapitel geht es um die optimale Aufbereitung Ihrer Videoclips. Genauer gesagt werden diese geschnitten. Der Begriff des Schneidens stammt daher, dass vor dem Aufkommen des Computerschnitts ein Film mit Schere und Klebestreifen in eine abspielbare Form gebracht wurde. Hatte man das Material geschnitten, dann wurde es einfach mit Klebebändern zusammengefügt. Daraus entstanden die sogenannten *harten Schnitte*. Erst später kamen die vielen Effekte und Überblendungsmöglichkeiten hinzu, die Sie sicherlich von den heutigen Filmen kennen. Da hier ein weicher Übergang von einer Szene zu einer anderen gewährt ist, spricht man von *weichen Schnitten*.

Unter einem Schnitt in Premiere Pro versteht man folglich den visuellen Wechsel von einem Clip zu einem anderen, d. h., der letzte Frame eines Clips geht direkt in den ersten Frame des nächsten Clips über. In der Fachsprache wird diese einfachste Variante als *Überblendung* bezeichnet. Premiere Pro verfügt über eine große Anzahl von Überblendungen, wie z. B. Wisch- und Zoom-Effekte sowie Blenden, wie Sie im nächsten Kapitel *Überblendungen und Filter* sehen werden. In diesem Kapitel geht es zunächst jedoch darum, wie Sie am effektivsten von einer Szene zur nächsten wechseln können.

Schnitt

Harter Schnitt

Beim *Schneiden* am Computer handelt es sich eigentlich gar nicht um einen „Schnitt", denn die Szenen werden nicht geschnitten, sondern eher zusammengestellt. Ein Bild wechselt ohne Vorwarnung zu dem folgenden. Dieser Schnitt muss gut durchdacht sein. Durch den plötzlichen Bildwechsel werden Fehler sehr schnell sichtbar und zudem wird vom Betrachter eine erhöhte Aufmerksamkeit gefordert, da er sich schlagartig mit einem neuen Bild, einem neuen Eindruck konfrontiert sieht. Nicht zuletzt arbeiten viele Actionfilme mit dieser Technik, weil mithilfe guter harter Schnitte sich nämlich das Tempo der Bilderflut steuern lässt. Gezielt eingesetzt, lassen sich eindrucksvolle Filme damit gestalten.

Um harte Schnitte zu realisieren, sollten Sie sich zunächst mit den grundlegenden Regeln des Schnittfensters vertraut machen. Sie können nämlich in Premiere Pro auf mehrere Arten einen harten Schnitt erzeugen.

Der harte Schnitt auf einer Spur

Harter Schnitt auf einer Spur Die einfachste Form, einen harten Schnitt zu erstellen, geht wie folgt:

1 Ordnen Sie einfach die beiden Clips Stoß an Stoß auf einer der beiden Spuren an.

Abb. L5.1: Die einfachste Form des harten Schnitts

2 Verfahren Sie anschließend mit allen weiteren Clips ebenso.

Abb. L5.2: Und noch einer

Wenn Sie anschließend das letzte Bild des vorderen Clips abspielen, folgt unmittelbar das erste Bild des jeweils nächsten.

Harter Schnitt mit zwei Spuren

Ein harter Schnitt ist selbstverständlich auch bei einer Anordnung der Clips auf zwei Spuren möglich.

1 Ziehen Sie die Clips abwechselnd auf die Spur *Video 1* bzw. *Video 2*.

Harter Schnitt mit zwei Spuren

Abb. L5.3: Harter Schnitt durch vorrangige Spur

Hierzu müssen Sie wissen, dass die Anordnung in der Spur *Video 2* Vorrang vor der Anordnung in der Spur *Video 1* hat.

Konkret bedeutet das, dass zunächst der Clip auf Spur *Video 1* abgespielt wird, sobald aber der auf Spur *Video 2* befindliche Clip erscheint, wird nur noch dieser wiedergegeben. Dadurch können Sie sehr schöne Zwischenschnitte erzielen.

2 Ordnen Sie beispielsweise den zweiten Clip versetzt zum ersten an.

Abb. L5.4: Jetzt bekommt der obere Clip Abspielpriorität

In diesem Fall wird der erste Clip nicht vollständig abgespielt, sondern es wird auf den Frame des zweiten Clips gewechselt.

Den umgekehrten Fall erreichen Sie wie folgt:

3 Ordnen Sie einen Clip auf Spur *Video 1* so an, dass er in den auf Spur *Video 2* hineinragt.

In diesem Fall wird der zweite Clip (auf Spur *Video 2*) so lange abgespielt, bis der dritte Clip (auf Spur *Video 1*) beginnt.

Abb. L5.5: Jetzt wird der obere Clip nicht mehr vollständig abgespielt

Trimmen

Vielleicht finden Sie diese Art des Umordnens ein wenig mühsam.

Führen Sie einmal folgenden Schritt durch:

1 Ziehen Sie einen Clip beim Verschieben auf einen anderen.

Wie Sie sicherlich bemerken, wird ab der Stelle, an der sich der übergeschobene Clip befindet, der überlagerte Teil des Clips entfernt.

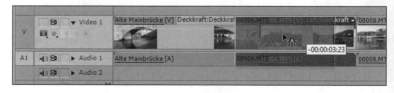

Abb. L5.6: Überlagerte Stellen werden entfernt

Im Ergebnis bedeutet das, dass der überlagerte Clip gekürzt wird, d. h., Sie müssen ihn erneut ins Schnittfenster ziehen, wenn Sie ihn wieder komplett haben möchten.

Idealer ist da oft das sogenannte *Trimmen*. Bei dieser Aktion wird der Originalclip nicht verändert, sondern es wird lediglich ein Teilbereich verwendet. Der nicht angezeigte Teil wird nicht abgespielt. **Trimmen**

Vorteil eines solchen „Schnitts" ist, dass Sie jederzeit den Clip wieder verlängern können, etwa weil Sie noch eine Szene hinzufügen und die Musik damit später enden muss.

Der Vorgang des Trimmens ist recht intuitiv mit der Maus zu bewerkstelligen:

2 Fahren Sie zunächst mit der Maus an den linken oder rechten Rand des Clips heran.

Wenn die rote eckige Klammer mit dem Doppelpfeil erscheint, haben Sie die richtige Stelle erreicht.

3 Ziehen Sie dann die Maus bei gedrückter Maustaste an die Position, an der Sie den Clip ausblenden möchten.

Abb. L5.7: Ein Stück des dritten Clips ausblenden

Beobachten Sie dabei das *Sequenzfenster*. Es zeigt Ihnen den genauen Bildausschnitt. Haben Sie die richtige Position erreicht, lassen Sie die Maustaste einfach los.

4 Möchten Sie die ausgeblendeten Stellen wieder sichtbar machen, so verfahren Sie genau wie beschrieben, ziehen allerdings den Mauszeiger in die andere Richtung.

Abb. L5.8: Wiedereinblenden des Stücks

Schnitttechniken

Neben dem reinen – taktischen – Anordnen und Aus- oder Einblenden von Clips verfügt Premiere Pro über eine Reihe interessanter Schnitttechniken.

Der Schnitt mit der Rasierklinge

Über das bloße Anordnen der Clips hinaus gibt es in Premiere Pro selbstverständlich auch weitere Methoden des Schneidens. Die dazu erforderlichen Werkzeuge finden Sie in der Werkzeugleiste.

Abb. L5.9: Ein wichtiges Werkzeug für das Schneiden: die *Rasierklinge*

Rasierklinge   Eine Hauptrolle dabei spielt die *Rasierklinge*, die zum gezielten Schneiden von einzelnen Szenen dient. Sie kommt beispielsweise dann zum Einsatz, wenn Sie einen größeren Clip digitalisiert haben, von dem Sie aber nur einen Ausschnitt brauchen. Zwar könnten Sie ihn im Schnittfenster auf den entsprechenden Spuren so anordnen, dass Sie im Endeffekt zum gleichen Ergebnis kommen, doch wie Sie gleich sehen werden, können Sie ihn im Schnittfenster auch mithilfe der *Rasierklinge* aufteilen.

Hilfreich ist es, wenn Sie vor Beginn der eigentlichen Schneidearbeit zwei kleinere Vorbereitungsarbeiten erledigen:

1 Schalten Sie zunächst den *Zeit-Zoomfaktor* in die kleinstmögliche Ansicht, also auf *1 Frame*.

2 Rufen Sie dann über das Symbol *Anzeigestil festlegen* das Menü auf und wählen Sie die Option *Frames einblenden*, sodass Ihnen die einzelnen Frames gezeigt werden.

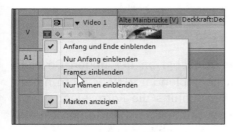

Abb. L5.10: Verändern Sie zunächst die Grundeinstellungen

Wenn Sie diese Veränderungen vorgenommen haben, werden Sie im Schnittfenster viel besser erkennen, an welcher Stelle eine Szene wechselt und wo die Trennung am besten zu vollziehen ist.

3 Klicken Sie als Nächstes auf die *Rasierklinge*, um sie zu aktivieren. **Schnitt mit der Rasierklinge**

4 Positionieren Sie den veränderten Mauscursor an der Stelle, an der Sie trennen wollen, und klicken Sie einmal.

Für ein genaues Ausrichten sollten Sie dabei auf den kleinen grauen Strich achten, der Ihnen die entscheidende Stelle auf den Einheiten des Lineals anzeigt.

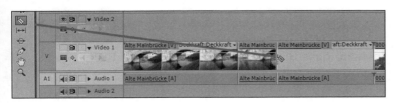

Abb. L5.11: Schneiden mit der *Rasierklinge*

5 Klicken Sie dann einmal mit der Maus.

An dieser Stelle wird der Clip nun getrennt.

Abb. L5.12: Der geschnittene Clip

Optisch erkennen Sie das zunächst an der neuen Bezeichnung, die ab dem Schnitt eingeblendet wird. Zudem nimmt der Cursor in der Nähe des Schnitts die Form einer durchgestrichenen Rasierklinge an. Enthielt der Clip Toninformationen, erkennen Sie die Trennung auch in der Audiospur.

6 Um die Clips zu verschieben, müssen Sie lediglich noch zum *Auswahlwerkzeug* wechseln und können dann den linken oder rechten Teil nach Belieben im Schnittfenster platzieren.

Abb. L5.13: Geschnittene Teile können Sie leicht verschieben

Löschen von Leerräumen zwischen Clips

Wenn Sie wie oben beschrieben Clips teilen oder ein Stück aus einem Clip entfernen, entstehen Lücken. Nun könnten Sie meinen, dass Sie diese mühevoll von Hand schließen müssen.

Dem ist aber nicht so. Mithilfe des Werkzeugs *Löschen und Lücke schließen* können Sie schnell diese Leerräume auf einer Spur löschen.

Löschen und Lücke schließen

1. Dazu müssen Sie lediglich das Werkzeug aktivieren und
2. es an den linken Rand des soeben geschnittenen Clips führen.
3. Wenn der Mauszeiger seine Form verändert, klicken Sie und ziehen bei gedrückter Maustaste den Clip an den anderen heran.

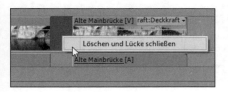

Abb. L5.14: Lücken sollte man wieder verschließen

Daraufhin wird der Leerraum dadurch geschlossen, dass sämtliche Clips auf der Spur entsprechend verschoben werden.

Diesen Vorgang sollten Sie nicht mit dem Trimmen verwechseln, da hier keine ausgeblendeten Bilder eingeblendet werden.

In- und Out-Points

In- und Out-Points spielen – wie Sie schon gesehen haben – beim Arbeiten mit Premiere Pro eine wichtige Rolle.

Rate ausdehnen

Nicht immer wird ein Clip die gewünschte Dauer haben. Darunter versteht man die Zeit, die für seine Wiedergabe erforderlich ist, also die Zeitdifferenz zwischen dem In-Point und dem Out-Point des Clips.

Rate ausdehnen

Um die Clipgeschwindigkeit im Schnittfenster zu ändern, gehen Sie so vor:

1 Klicken Sie auf das Werkzeug für *Rate ausdehnen* ❶.

2 Ziehen Sie dann eine der Kanten ❷ eines Clips im Schnittfenster in die gewünschte Richtung.

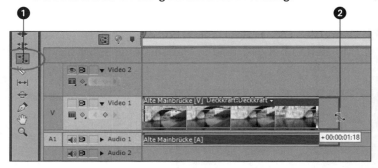

Abb. L5.15: Die Rate eines Clips ändern

Rollen

Rollen

Wenn Sie den Übergang zwischen zwei Clips anpassen möchten, können Sie das sehr schön mit einer Variation der einfachen Zuschneidemethoden erreichen, die man als *Rollen* bezeichnet.

Hier kommt das Spezialwerkzeug *Rollen* zum Einsatz, mit dem Sie Bearbeitungen, die normalerweise aus mehreren Schritten bestehen, in einer einzigen Aktion vornehmen können.

Konkret werden beim Rollen die angrenzenden Out- und In-Points der Clips gleichzeitig und um die gleiche Anzahl Frames zugeschnitten. Dabei wird der Schnittpunkt zwischen Clips verschoben, während die zeitliche Position anderer Clips bewahrt und die Gesamtdauer der Sequenz beibehalten wird. Wird der geschnittene Clip beispielsweise zeitlich nach vorne gezogen, dann wird der vorhergehende Clip verkürzt und der nachfolgende Clip verlängert.

1 Zunächst müssen Sie das *Rollen*-Werkzeug ❶ aktivieren.

2 Dann führen Sie es an den zu ändernden Cliprand ❷ und ziehen es nach links oder rechts.

Die Anzahl von Frames, die Sie dem Clip hinzufügen, wird vom angrenzenden Clip abgeschnitten.

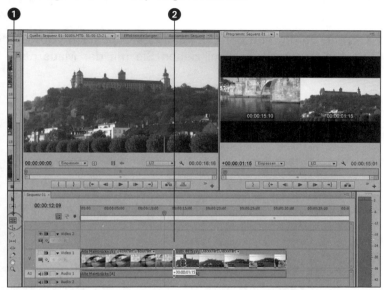

Abb. L5.16: Rollen eines Clips und die Auswirkungen im Vorschaufenster

Unterschieben und Überschieben

Wenn Sie zwei Schnittpunkte in einer aus drei Clips bestehenden Sequenz bearbeiten möchten, verwenden Sie die Werkzeuge *Unterschieben* bzw. *Überschieben*.

■ Beim *Unterschieben* werden der In- und der Out-Point eines Clips bei einer Bewegung um die gleiche Anzahl Frames nach vorne oder hinten verschoben.

■ Durch Ziehen mit dem *Überschieben*-Werkzeug können Sie dagegen den Anfangs- und Endframe eines Clips ändern, ohne die Clipdauer zu verändern oder die angrenzenden Clips zu beeinflussen.

Unterschieben Um eine Unterschiebung durchzuführen, gehen Sie so vor:

■1 Wählen Sie zunächst das *Unterschieben*-Werkzeug ❶ aus.

■2 Führen Sie dann je nach Vorhaben einen der folgenden Schritte aus:

■3 Wenn der In- und der Out-Point des Clips nach vorn verschoben werden sollen, ziehen Sie mit der Maus nach links ❷.

Abb. L5.17: Unterschieben eines Clips

■4 Sollen sie dagegen nach hinten verschoben werden, ziehen Sie mit der Maus nach rechts.

Überschieben Um eine Überschiebung durchzuführen, müssen Sie das *Überschieben*-Werkzeug ❶ aktivieren.

■1 Platzieren Sie dann den Mauszeiger auf dem anzupassenden Clip und führen Sie einen der folgenden Schritte aus:

2 Ziehen Sie mit der Maus nach links, um den Out-Point des vorhergehenden Clips und den In-Point des nachfolgenden Clips weiter nach vorne zu verschieben.

3 Ziehen Sie mit der Maus nach rechts ❷, um den Out-Point des vorhergehenden Clips und den In-Point des nachfolgenden Clips weiter nach hinten zu verschieben.

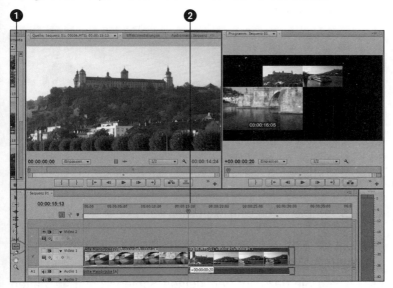

Abb. L5.18: Einen Clip verschieben

In- und Out-Points mithilfe des Monitorfensters setzen

Wenn Sie einen In- und Out-Point mit numerischer Genauigkeit eingeben möchten, sollten Sie dies mit dem *Clip*- oder *Monitorfenster* tun. In beiden Fenstern ist die Arbeitsweise identisch und Sie können die einzelnen Frames der Clips direkt ansteuern. Insgesamt werden Sie sehen, dass diese Vorgehensweise dem herkömmlichen linearen Schnitt sehr nahekommt.

1 Ziehen Sie – sofern noch nicht geschehen – den Rohclip zunächst in das Schnittfenster auf eine leere Spur.

2 Führen Sie dann einen Doppelklick auf das Clipsymbol aus.

3 Daraufhin wird der Clip in das Fenster *Monitor* geladen. Haben Sie es bei der *Doppelansicht* belassen, dann wird Ihnen auf der linken Seite der erste Frame des Clips angezeigt, auf der rechten Seite dagegen die gegenwärtige Abspielposition.

Abb. L5.19: Die Vorbereitungsarbeiten

Nun gilt es, sehr präzise zu einer bestimmten Stelle in Ihrem Clip zu gelangen.

4 Klicken Sie dazu auf den kleinen Schieberegler ❶, halten Sie die Maustaste gedrückt und ziehen Sie den Schieber an die gewünschte Stelle.

Wie Sie dabei bemerken werden, befindet sich im Schnittfenster ein Gegenstück dazu, das die gleichen Bewegungen vollzieht wie der Regler im Monitorfenster. Sie können also auch diesen Regler (er ist größer und deshalb besser anzufassen) verwenden.

5 Suchen Sie nun auf diese Art die gewünschte Anfangsstelle in dem Clip.

Abb. L5.20: Die Stelle mit dem Shuttle aufsuchen

Keine Sorge, wenn es Ihnen mit dem Schieberegler nicht gelingt. Für das framegenaue Ausrichten stehen Ihnen zwei Schaltflächen zur Verfügung.

6 Steuern Sie mithilfe dieser Schaltflächen entweder einen einzelnen Frame zurück (*Schritt zurück* ❶) oder vor (*Schritt vorwärts* ❷).

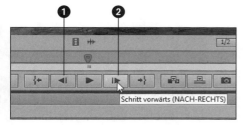

Abb. L5.21: Framegenaues Ansteuern der Position ist kein Problem

Achten Sie dabei auf die Digitalanzeige, die Ihnen diesen Vorgang auch zahlenmäßig anzeigt.

Sehr praktisch geht das mithilfe der ←- bzw. →-Tasten.

In-Point setzen Haben Sie die gewünschte Anfangsposition erreicht, markieren Sie durch Anklicken der Schaltfläche *In-Point markieren* den Beginn der Szene.

Abb. L5.22: Den Anfangsbereich markieren

Das Ergebnis Ihres Eingriffs erkennen Sie sogleich auf der Abspielleiste, denn der ursprüngliche In-Point des Clips wandert nun auf die anvisierte Marke.

7 Spulen Sie nun an das Ende der Szene, also an den Frame, der das Ende anzeigt.

Out-Point setzen **8** Ist die richtige Position erreicht, klicken Sie auf die Schaltfläche *Out-Point markieren*.

Abb. L5.23: Den Out-Point setzen

Mit dieser Definition haben Sie nun die Teilszene eindeutig markiert. Die übrigen Elemente dieses Clips werden von Premiere Pro (vorerst) nicht mehr berücksichtigt.

Wenn Sie einen Blick ins Projektfenster werfen, werden Sie feststellen, dass diese Teilszene auch grafisch mit einem farbigen Balken sichtbar dargestellt wird.

Abb. L5.24: Die mit In- und Out-Point markierte Szene im Projektfenster

Entfernen eines Clips bzw. mehrerer Frames

Im Folgenden werden Sie sehen, wie man mithilfe von In- und Out-Points Frames entfernt.

Sie können das auf zwei Arten lösen:

- Frames herausnehmen: Hierbei werden die ausgewählten Frames entfernt und es entsteht eine Lücke, deren Dauer der Dauer der entfernten Frames entspricht. — **Frames herausnehmen**

- Frames entfernen und Lücke schließen: In diesem Fall werden die selektierten Frames entfernt und die entstandenen Lücken automatisch durch die Funktion *Löschen und Lücke schließen* (zu der man sonst über die rechte Maustaste gelangt) geschlossen. — **Frames entfernen und Lücke schießen**

Einfügen

Entscheiden Sie sich für die erste Variante, müssen Sie so vorgehen:

1 Zeigen Sie im Monitorfenster auf die Schaltfläche für Einfügen ❶. — **Frames entfernen**

Lernen 5: Videoclips schneiden

2 Klicken Sie einmal.

Das Ergebnis dieser Aktion können Sie sofort im Schnittfenster ❷ sehen.

Abb. L5.25: Die markierten Frames wurden herausgenommen

Die markierten Teile wurden aus der Spur entfernt und dort befindet sich eine Lücke.

Da der Film für die Dauer der Lücke nur einen dunklen Monitor anzeigt, bietet sich diese Aktion beispielsweise dann an, wenn Sie eine andere Szene in diese Lücke einfügen möchten.

Überschreiben

Soll dagegen ein Teil des Clips herausgeschnitten und die entstehende Lücke geschlossen werden, sollten Sie die folgende Variante wählen.

1 Legen Sie den zu entfernenden Bereich mit In- und Out-Points fest.

Lücke schließen

2 Klicken Sie im Monitorfenster auf die Schaltfläche für *Überschreiben* ❶.

In diesem Fall wird der markierte (maskierte) Bereich entfernt und sogleich die Lücke geschlossen. Dahinterliegende Clips werden nach vorne gezogen und die Gesamtlänge des Clips somit um den ausgeschnittenen Teil verkürzt.

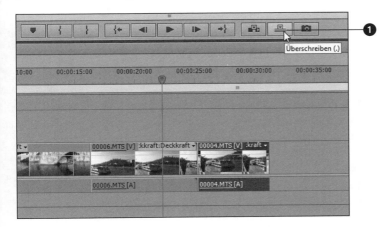

Abb. L5.26: Das Ergebnis einer Überschreibaktion

Diese Funktion ist ideal, um aus im TV aufgenommenen Sendungen die Werbung zu entfernen.

An der „Nahtstelle" befindet sich jetzt ein harter Schnitt, den Sie beim Abspielen im Monitorfenster erkennen.

Sollte er zu auffällig sein, gedulden Sie sich bis zum nächsten Kapitel: Dort werden Sie sehen, wie man eine solche Stelle mit einem kleinen Trick ausbügelt.

L6 Überblendungen und Filter

Im vorhergehenden Kapitel haben Sie erfahren, wie man harte Schnitte in Premiere Pro anfertigt. Damit verfügen Sie über die am meisten gebrauchte Technik, zwei Szenen aneinanderzureihen. In diesem Kapitel werden Sie nun die zweithäufigste Form kennenlernen, wie man zwei Szenen miteinander verbindet. Es handelt sich dabei um die Gestaltung des visuellen Wechsels von einem Clip zu einem anderen, den man als *Überblendung* bezeichnet. Zwar ist ein einfacher, harter Schnitt auch eine Überblendung, denn es wird direkt von einem Bild in das nächste überblendet, doch steht dieser Begriff mehr für den weichen Schnitt.

Premiere Pro stellt Ihnen eine Reihe solcher Übergänge zur Verfügung, wie z. B. *Wisch-* und *Zoom*-Effekte sowie *Blenden*. Sie werden sehen, dass man mit solchen Überblendungsmethoden vielfältige Stimmungen erzeugen oder einem Projekt eine kreative Note verleihen kann, die man so mit einem harten Schnitt nicht erreichen würde.

Während Sie mit Überblendungen zwei Clips miteinander verbinden, können Sie mit einem *Filter* den Clip selbst verändern und ihm verschiedene Effekte zuweisen.

Bevor Sie nun loslegen, sollten Sie folgende Aspekte berücksichtigen: Sicherlich wird Sie am Anfang die eine oder andere Überblendungsmöglichkeit oder die Vielzahl der Effekte sehr reizen und Sie werden versucht sein, möglichst viele in ein Projekt einzubauen. Doch bedenken Sie, dass man sich daran sehr schnell sattsehen kann. Des Weiteren sollten Sie in einem Film stets nur mit ein und demselben Effekt arbeiten, denn das schafft Kontinuität. Ein ständiges Wechseln mag Sie sicherlich beim Schneiden begeistern, doch das daraus entstehende Produkt ist viel zu unruhig. Außerdem sollten Sie sich im Klaren darüber sein, dass ein einmal zugewiesener Effekt später aus dem fertigen Film nur durch (hartes) Ausschneiden, also unter Verlust der Sequenz, rückgängig gemacht werden kann. Und achten Sie einmal genauer darauf, wenn Sie demnächst einen Film im Kino anschauen. Sie werden sehen: Aufwendig gemachte Übergänge sind eher selten und wenn überhaupt, werden Sie vornehmlich Überblendeffekte finden. Und sehr oft werden Sie an Stellen, die einen Zeitsprung darstellen sollen, einen Untertitel („Fünf Jahre später") eingeblendet bekommen.

Beim Arbeiten mit Überblendungen und Filtern ist es sinnvoll, zunächst den *Arbeitsbereich* umzustellen.

Arbeitsbereich Effekte

1 Rufen Sie dazu die Menüreihenfolge *Fenster / Arbeitsbereich* auf.

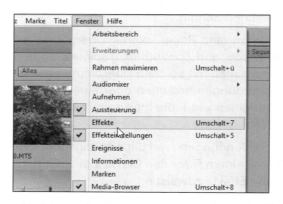

Abb. L6.1:   Stellen Sie zunächst den Arbeitsbereich um

2 Wählen Sie aus dem Untermenü *Effekte* aus.

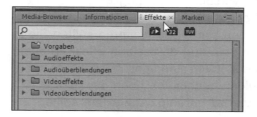

Abb. L6.2:   Die Effekte stehen nun im Mittelpunkt

Schneller geht es mit ⇧ + F7.

Videoüberblendungen

Bei den in Premiere Pro enthaltenen Überblendungen werden im Allgemeinen das Ende eines Clips und der Anfang des nächsten Clips bearbeitet. Das Auge wird sozusagen aus dem einen Clip heraus- und in den anderen Clip hineingeleitet. Dadurch kann man einen zu harten Übergang vermeiden, etwa weil die beiden Szenen einfach nicht zueinander passen wollen.

Überblendung

Die weiche Überblendung ist sicherlich die am meisten verwendete Überblendtechnik. Das mag auch nicht verwundern, denn schon in den frühesten Zeiten der Filmproduktion arbeitete man mit solchen Blenden: Dazu musste nämlich lediglich der Film in der Kamera etwas zurückgedreht werden und die neue Szene wurde sozusagen in die alte belichtet.

Überblendung

Premiere Pro geht dabei genauso vor. Der Vorgängerclip wird einfach immer transparenter dargestellt, sodass man das Gefühl hat, er verblasst. Gleichzeitig wird der nachfolgende Clip immer stärker eingeblendet, bis er allein sichtbar ist. Dadurch kann sich das Auge an den Wechsel allmählich gewöhnen und man bekommt den Eindruck eines fließenden Übergangs.

Bevor Sie mit Blenden arbeiten können, sind ein paar Vorarbeiten zu erledigen. So müssen sich die beiden aufeinanderfolgenden Clips ein wenig überlappen.

1 Verschieben Sie dazu den nachfolgenden Clip bei gedrückter linker Maustaste so, dass er sich mit dem Ende des Vorgängerclips um etwa eine Sekunde überlagert.

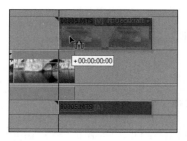

Abb. L6.3: Voraussetzung für die Überblendung: Die Clips müssen sich überlagern

2 An dieser Position angekommen, lassen Sie den Clip los.

Die Überlappung von einer Sekunde ist keine starre Regel, sondern lediglich ein Anhaltspunkt. Je nach gewünschtem Effekt können Sie mit einer kürzeren oder längeren Überblendzeit einen eindrucksvollen Effekt erzielen.

Überblendung anlegen

Nachdem Sie die Clips angeordnet haben, müssen Sie den Effekt zwischen den beiden Videospuren anbringen.

1 Dazu aktivieren Sie gegebenenfalls über *Fenster / Effekte* das Bedienfeld mit den Überblendeffekten.

Hier finden Sie die Hauptkategorie *Videoüberblendungen*.

Weiche Blende

2 Suchen Sie anschließend den Eintrag *Weiche Blende*. Sie finden ihn im Bereich *Blende*, nachdem Sie auf den kleinen Pfeil für das Anzeigen der Unterpunkte geklickt haben (siehe Abbildung L6.4).

3 Klicken Sie darauf und ziehen Sie nun bei gedrückter linker Maustaste auf den In-Point des Clips ❶, den Sie weich einblenden wollen (siehe Abbildung L6.5).

4 Lassen Sie dann die Maustaste los, um den Effekt an dieser Stelle zu platzieren.

Abb. L6.4: Der Effekt *Weiche Blende* im Fenster *Effekte*

Abb. L6.5: Eine weiche Blende einfügen

Das war es dann auch schon: Der Effekt ist gesetzt und wird Ihnen in Form eines Rechtecks angezeigt.

Abb. L6.6: Der eingefügte Effekt

Eine weiche Blende weisen Sie ganz schnell zu, indem Sie den betreffenden Clip markieren und dann die Tastenkombination [Strg] + [D] ausführen.

5 Um den Effekt gleich einmal „live" zu sehen, schieben Sie doch einmal die Marke ❶ für die aktuelle Zeit langsam über diese Stelle.

Abb. L6.7: Anzeigen des Überblendeffekts

Im Monitorfenster können Sie dabei den Übergang beobachten.

Überblendungen bearbeiten

Zwar wäre damit Ihre Arbeit an sich getan, Sie können jedoch an dieser Stelle noch ein paar interessante Einstellungen vornehmen.

1 Sollten die Einstellungen bislang noch nicht im Dialogfenster *Effekteinstellungen* zu sehen sein, führen Sie auf dem Rechteck im Clip einen Doppelklick aus.

Effekteinstellungen

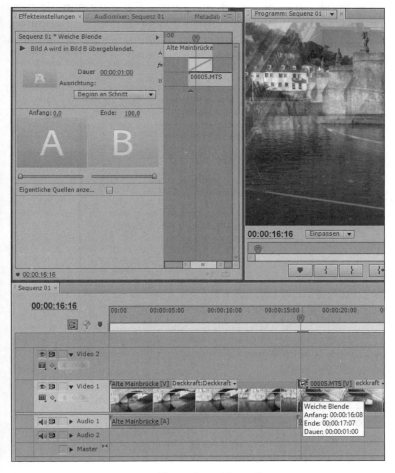

Abb. L6.8:   Hier nehmen Sie weitere Einstellungen vor

Lernen 6: Überblendungen und Filter

Im besagten Dialogfenster *Effekteinstellungen* können Sie nun die Blendeneigenschaften weiter verändern.

Im linken Bereich befinden sich zwei Vorschaufenster, in denen Sie die Auswirkungen der Veränderungen live mitverfolgen können.

Das linke (*A*) ❶ zeigt die Ausgangslage zu Beginn des Effekts und das rechte (*B*) ❷ zeigt, wie der Effekt enden wird.

Über den kleinen Regler ❸ am unteren Rand können Sie zum einen sehen, wie sich der Effekt auswirkt, und zum anderen können Sie festlegen, in welchem Stadium der Effekt beginnt.

2 Zeigen Sie mit der Maus auf den kleinen Regler und beginnen Sie, ihn nach links zu ziehen.

Dabei verändert sich der Wert hinter der Bezeichnung *Anfang*.

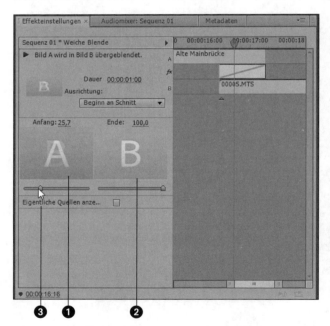

Abb. L6.9: Über die Schieberegler verfeinern Sie den Überblendeffekt

3 Ziehen Sie beispielsweise den Schieber auf *30,0*.

Das bedeutet, dass das folgende Bild bereits zu 30 % angezeigt wird, bevor es auf volle 100 % aufzieht.

4 Damit Sie diese Feinheiten besser erkennen können, ist es ratsam, das Kontrollkästchen *Eigentliche Quellen anzeigen* zu aktivieren.

5 Wenn das erste Bild zu dunkel ist, ziehen Sie den Schieber *Anfang* einfach weiter auf, beispielsweise auf *45,0*.

So sehen Sie gleich, welche Wirkung die folgenden Aktionen haben.

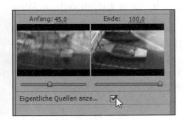

Abb. L6.10: Der gleiche Effekt mit durchgeblendeten Originalclips

Die Länge des Effekts können Sie im rechten Bereich des Fensters intuitiv verändern.

Wünschen Sie beispielsweise das Verlängern eines Effekts, gehen Sie so vor:

1 Verschieben Sie den oberen Clip weiter über den darunterliegenden.

2 Zeigen Sie mit der Maus auf den rechten Rand der Effektanzeige.

3 Wenn der Mauszeiger sich ändert, klicken Sie und ziehen bei gedrückter Maustaste den Effekt entsprechend auf. Alternativ können Sie aber auch einen exakten Wert über den Regler *Dauer* einstellen.

Abb. L6.11: Verlängern eines Effekts

Der Effekt dauert jetzt dementsprechend länger.

Überblendungen entfernen

Ab und an wird es vorkommen, dass Sie einen Überblendeffekt entfernen wollen, etwa weil Sie sich für den falschen entschieden haben.

Effekte löschen

1 In einem solchen Fall klicken Sie im Schnittfenster mit der rechten Maustaste auf das *Effekte*-Rechteck.

2 Danach bestätigen Sie den Kontextmenüpunkt *Löschen*.

Abb. L6.12: Effekte können über das Kontextmenü gelöscht werden

Deckkraft

Standardmäßig werden Clips auf Spuren mit 100%iger *Deckkraft* dargestellt. Diesen Wert können Sie verändern und beispielsweise so den Transparenzanteil eines Clips erhöhen, indem Sie die Deckkraft sogar so weit vermindern, bis der Clip bei einer Deckkraft von 0% vollständig transparent ist.

Deckkraft

1 Klicken Sie zunächst auf die Schaltfläche *Keyframes anzeigen*.

2 In dem daraufhin erscheinenden Menü wählen Sie die Option *Deckkraftregler einblenden*.

Abb. L6.13: Einblenden des Deckkraftreglers

3 Aktivieren Sie dann das *Zeichenstift-Werkzeug* ❶ und führen Sie es auf die Deckkraftlinie für den Clip.

4 Dort angekommen klicken Sie, halten die Maustaste gedrückt und ziehen die Linie nach oben oder unten.

Wenn das Diagramm keine Keyframes enthält, wird lediglich eine gerade horizontale Linie angezeigt, die sich entlang der gesamten Spur erstreckt.

Abb. L6.14: Die Deckkraftlinie verändern

Wenn Sie im Bedienfeld *Videoeffekte* auf den Pfeil vor *Deckkraft* klicken, können Sie über einen Regler die Einstellung vornehmen.

Das eigentliche Überblenden erledigen Sie mithilfe dynamischer *Deckkraftlinien*. Diese Linien lassen sich, wie Sie gleich sehen werden, an den sogenannten Änderungspunkten auf neue Werte ziehen und regeln so die Deckkraft der Blende. Durch Hinzufügen von Griffpunkten können Sie zudem die Deckkraft eines Clips ändern.

Zunächst müssen Sie folglich den zweiten Änderungspunkt erzeugen.

Keyframe hinzufügen

1 Bewegen Sie dazu die *Marke für die aktuelle Zeit* an den gewünschten Anfangspunkt.

2 Klicken Sie mit der Maustaste auf das Symbol *Keyframe hinzufügen/entfernen*.

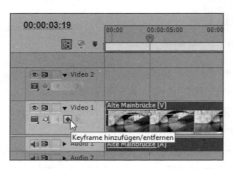

Abb. L6.15: Der gesetzte Keyframe

Premiere Pro fügt an dieser Stelle einen kleinen Punkt auf der Linie ein und zeigt zudem durch eine rote Linie den Beginn an.

Auf diese Weise können Sie weitere Keyframes einfügen.

3 Um die Deckkraft einer Strecke zu ändern, klicken Sie mit dem *Zeichenstift-Werkzeug* dann auf einen dieser Änderungspunkte, halten die Maustaste gedrückt und ziehen ihn ganz nach unten.

Abb. L6.16: Ziehen Sie den Änderungspunkt ganz nach unten

Damit ist die Blende angelegt, deren Effekt darin besteht, dass sie von 0% gleichmäßig auf 100% durchblendet.

Um sich von Keyframe zu Keyframe zu bewegen, verwenden Sie die Schaltflächen, die sich neben der Schaltfläche zum Einfügen eines Keyframes befinden.

Abb. L6.17: Navigation von Keyframe zu Keyframe

Einstellungen ohne Ende

Im vorherigen Abschnitt haben Sie am Beispiel der weichen Blende das grundlegende Arbeiten mit Effekten anhand der Überblendungen kennengelernt. Am häufigsten werden und sollten Sie weiche Blenden einsetzen.

Premiere Pro verfügt darüber hinaus über viele weitere Blenden, die Ihnen im Folgenden vorgestellt werden.

> Bedenken Sie beim Einsatz von Blenden wie bei allen Effekten stets, dass es nicht darum geht, irgendwelche optischen Spielereien auszureizen, sondern dass die thematische Überführung von zwei Szenen im Mittelpunkt Ihres Interesses stehen sollte.

1 Aktivieren Sie das Bedienfeld mit den Überblendungen (das Sie gegebenenfalls über *Fenster / Effekte* auf den

Überblend-effekte

Schirm bringen können) und klicken Sie auf den Eintrag *Blende*.

Jetzt sollten Sie die acht möglichen Blenden sehen.

Abb. L6.18: Premiere Pro bietet eine Reihe von Blenden an

Möchten Sie sich den Effekt einmal ansehen, müssen Sie wie folgt vorgehen:

■ Sie ziehen den Effekt bei gedrückter Maustaste an den Anfang eines Clips im Schnittfenster.

■ Führen Sie auf das kleine Rechteck einen Doppelklick aus.

■ Im folgenden Dialogfenster können Sie über die kleinen Schieberegler unterhalb der Miniaturbilder *A* und *B* den Effekt begutachten. Wenn Sie das Kontrollkästchen *Eigentliche Quellen anzeigen* aktivieren, erhalten Sie einen plastischeren Eindruck des Effekts (siehe Abbildung L6.19).

Auf diese Art und Weise können Sie eine sehr genaue Vorstellung von dem Effekt bekommen.

Alle Effekte werden auf die Art und Weise eingestellt, die Sie bereits kennengelernt haben. Sie können sich also jeweils entscheiden, ob Sie beispielsweise die erste Szene aufklappen möchten und damit die zweite Szene verdecken oder ob sich zunächst die zweite Szene entfaltet und dadurch die erste verschwinden lässt.

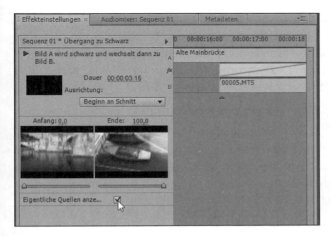

Abb. L6.19: Die Originalclips vermitteln einen plastischeren Eindruck

Bei fast allen Effekt-Dialogfenstern finden sich die gleichen Einstellbedienfelder, deren Arbeitsweise Ihnen im Folgenden anhand des Effekts *Übergang zu Weiß* dargestellt wird.

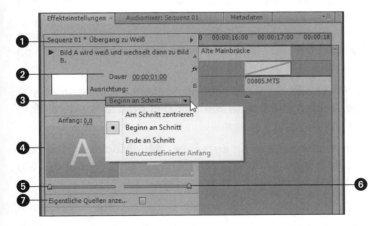

Abb. L6.20: Die Überblendungen lassen sich vielfältig einstellen

> Das Schnittfenster können Sie über die runde Schaltfläche mit den Doppelpfeilen aus- und wieder einblenden.

- *Überblendung abspielen:* Über die kleine Schaltfläche ❶ am oberen Rand des Bedienfeldes können Sie den Effekt sofort betrachten. Zusätzlich erhalten Sie eine kurze schriftliche Zusammenfassung des Effekts, hier *Bild A wird weiß und wechselt dann zu Bild B.*

- *Dauer:* Über diesen Regler ❷ können Sie die Länge des Effekts einstellen.

- *Ausrichtung* ❸: Über die Menüpunkte dieses Listenfeldes können Sie die Ausrichtung des Effekts festlegen. Standardmäßig ist *Beginn an Schnitt* vorgegeben, sodass gleich nach dem Schnitt der Effekt startet.

- *Effekt-Vorschaufenster* ❹: Hier legen Sie fest, mit welchem Clip die Überblendung beginnen soll. Sie können die Überblendung entweder mit Clip *A* (dem linken Clip) oder mit Clip *B* (dem rechten Clip) beginnen lassen. Die Richtung bestimmen Sie einfach durch Anklicken des kleinen Pfeils vor der Grafik.

- *Anfang* ❺: Möchten Sie das Erscheinungsbild der Überblendung am Anfangspunkt der Clipsequenz ändern, verwenden Sie den Schieberegler, der sich unter dem Symbol des ersten Bildes befindet. Sie können ihn von 0% bis 100% bewegen.

- *Ende* ❻: Diese Einstellungsmöglichkeit entspricht der des Anfangs, nur dass Sie hier das Erscheinungsbild am Endpunkt regeln.

- *Eigentliche Quellen anzeigen* ❼: Möchten Sie die Anfangs- und Endframes der Clips ansehen, müssen Sie dieses Kontrollkästchen aktivieren.

Je nach Effekt enthält der untere Bereich weitere Schaltflächen, mit denen Sie den Effektablauf steuern können. Sehr häufig finden Sie Schaltflächen für die Ausrichtung der Effekte, Einstellungsmöglichkeiten für einen Vor- oder Rücklauf oder die Festlegung des Mittelpunktes. Seien Sie ruhig einmal neugierig und probieren Sie die Veränderungen aus, die Sie durch diese kleinen Schaltflächen erzielen können.

Videoüberblendungen

Premiere Pro stellt Ihnen über siebzig Videoüberblendungsmöglichkeiten zur Verfügung. Um Ihnen eine Orientierung zu ermöglichen, können Sie einige Charakteristika der Ihnen bislang noch nicht vorgestellten Effekte der nachfolgenden Tabelle entnehmen.

3D-Bewegung

Die wohl interessantesten und aufwendigsten Effekte können Sie durch eine *3D-Bewegung* erreichen. Bei diesen Effekten wird mindestens eines der Szenenbilder plastisch verformt.

Effekt	Beschreibung	Beispiel
Auffalten	Das neue Szenenbild wird in das alte aufgefaltet oder die alte Szene wird wie ein Blatt Papier zunächst auf eine Seite und dann nach oben weggefaltet.	
Ausschwingen	Die eine Szene klappt wie eine Schwingtür auf die andere und deckt sie so ab.	
Einschwingen	Die Szene klappt wie eine Schranktür auf die andere.	

3D-Bewegung

Effekt	Beschreibung	Beispiel
Herausdrehen	Die eine Szene verschwindet, indem sie sich in der Bildmitte um die eigene Achse dreht.	
Rotation	Das Bild *B* rotiert sich in Form eines Balkens über Bild *A* und dann hinaus.	
Türen	Die neue Szene wird, verteilt auf zwei Schwingtüren, auf die alte geklappt.	
Umdrehen	Die Szene erweckt den Eindruck, als würde sie umgedreht, und auf der Rückseite läuft der neue Clip weiter.	
Vorhang	Ähnlich wie ein Theatervorgang hebt sich das eine Bild und gibt das andere frei.	
Wegdrehen	Das neue Bild wird um seine Mittelachse in das alte Bild ein- bzw. weggedreht.	

Effekt	Beschreibung	Beispiel
Würfel (Drehen)	Bei diesem Effekt werden die beiden angrenzenden Szenenbilder auf den benachbarten Seiten eines Würfels wiedergegeben.	

Tab. L6.2: 3D-Bewegungen

Blende

Neben der weichen Überblendung, die Ihnen bereits bekannt ist, können Sie die folgenden Überblendungen gestalten:

Überblendungen

Effekt	Beschreibung	Beispiel
Additive Blende	Bei dieser Blende werden die Lichtwerte der beiden Szenen miteinander addiert. Der erste Clip verschwindet dabei sozusagen in einem weißen Schleier und geht in das neue Bild über. Die höchste Helligkeit wird dabei in dem Moment erzielt, in dem beide Bilder gleichzeitig gezeigt werden.	
Auflösen	Das erste Bild wird nach und nach in Pixel zerlegt, während das folgende Bild dementsprechend zusammengesetzt wird.	
Beliebig umkehren	Der Clip wird in seine invertierte Struktur überblendet und anschließend wird das invertierte Bild mit den Bildern des Folgeclips kombiniert.	

Effekt	Beschreibung	Beispiel
Filmblende	In diesem Fall wird der zweite Clip sehr sanft durchgeblendet.	
Nicht-additive Blende	Bei dieser Blende werden ebenfalls die Helligkeitsinformationen benutzt. Die dunkelsten Bereiche des ersten Clips lassen zunächst Teile des zweiten Clips durch. Dann werden nach und nach die helleren Teile hinzugefügt.	
Weiche Blende	Bei dieser Überblendung wird der Clip *A* ausgeblendet und der Clip *B* gleichzeitig eingeblendet.	
Übergang zu Schwarz	Blendet den Clip schwarz ab oder schwarz ein.	
Übergang zu Weiß	Blendet den Clip weiß ab oder weiß ein.	

Tab. L6.3: Blenden

Dehnen

Im Gegensatz zu den 3D-Bewegungen arbeitet Premiere Pro hier nur in einer Ebene, sodass bei diesen Effekten mehr der Eindruck entsteht, als würde das eine Bild dem anderen wie ein Gummi übergezogen.

Bei einigen der folgenden Abbildungen finden Sie einen dünnen Rahmen eingestellt. Dieser dient der besseren Darstellbarkeit auf Papier. Über den entsprechenden Schieberegler auf dem jeweiligen Blendendialogfeld können Sie die Stärke und die Farbe Ihren Wünschen gemäß einstellen.

Abb. L6.21: Stellen Sie gegebenenfalls Rahmenbreite und -farbe ein

Des Weiteren können Sie mithilfe der kleinen Pfeile um die kleine Vorschau die Richtung des Effekts ändern.

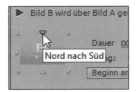

Abb. L6.22: Die Richtung des Effekts ändern

Dehnen

Effekt	Beschreibung	Beispiel
Dehnen	Das neue Bild wird dem alten senkrecht übergezogen. Dabei ist das Bild am Anfang gestaucht und nimmt die ursprünglichen Proportionen erst am Ende wieder ein.	
Dehnen und Stauchen	Entspricht dem Effekt *Dehnen*, nur dass jetzt das andere Bild proportional gestaucht wird.	
Hineinziehen	Hierbei entsteht ein Effekt wie bei zwei Flüssigkeiten, die ineinanderlaufen.	
Überziehen	Das eine Bild wird dem anderen waagerecht, als wäre es aus Gummi, übergezogen.	

Tab. L6.4: Dehnen

Iris

Ganz besondere Effekte können Sie mit den Überblendungen des Registers *Iris* erzielen.

Effekt	Beschreibung	Beispiel
Irisblende (Formen)	Das neue Bild wird in Form dreier Rauten aufgeblendet.	
Irisblende (Kreuz)	Die neue Szene wird in Kreuzform aufgezogen.	
Irisblende (Punkte)	Das Bild wird durch eine in sich schließende punktförmige Blende geschlossen.	
Irisblende (Raute)	Das Bild erscheint in Rautenform.	

Bei einigen Effekten, wie dem letzten, können Sie den Mittelpunkt verschieben und so für weitere Effekte sorgen.

Irisblende (Rechteckig)	Die neue Szene baut sich von der Mitte her in einer rechteckigen Form auf.	

Effekt	Beschreibung	Beispiel
Irisblende (Rund)	Und diesmal in einer runden Form.	
Irisblende (Stern)	Hier erscheint das neue Bild innerhalb einer Sternform.	

Tab. L6.5: Irisblende

Schieben

Beim Effekt *Schieben* verdrängt immer das eine Bild das andere.

Schieben

Effekt	Beschreibung	Beispiel
Bänder (Schiebeblende)	Die Bilder verschieben sich ineinander in Form von vertikalen Bändern.	
Bänder (Schieber)	Die Bilder verschieben sich ineinander in Form von horizontalen Bändern.	

Effekt	Beschreibung	Beispiel
Mehrfaches Drehen	Das Bild blendet aufgeteilt in gleichmäßige Rechtecke, die sich drehen, ein.	
Teilen	Der folgende Clip teilt das Bild und schiebt die Hälften auseinander.	
Teilen (Mitte)	Hier wird das Bild in vier Teile getrennt und diese werden über die Ecken aus dem Bild geschoben.	
Vertauschen	Die Bilder werden beim Schieben ausgetauscht.	
Wegschieben	Das einrückende Bild schiebt das vorhandene aus der Szene.	
Wirbel	Das ursprüngliche Bild wird durch das neue, das in sämtliche Bestandteile zerlegt hereingewirbelt wird, verdeckt.	

Effekt	Beschreibung	Beispiel
Zerschlitzen	Diesen Effekt kennen Sie vielleicht von Ihrem Aktenvernichter her.	
Zusammenziehen (Mitte)	Das ursprüngliche Bild wird in die Mitte zusammengezogen, d. h., es werden ständig Pixel entzogen, bis es ganz verschwindet.	
Überschieben	Das neue Bild schiebt sich über das vorhandene.	
Überschieben (Kästchen)	Das Einschieben des neuen Bildes erfolgt hier in Form von Kästchen.	

Tab. L6.6: Schieben

Seite aufrollen

Sehr schöne plastische Effekte können Sie mit den Effekten im Register *Seite aufrollen* erzielen.

Seite aufrollen

Effekt	Beschreibung	Beispiel
Herausblättern	Das alte Bild wird wie ein Geschenkpapier jeweils zu einer der Seiten weggerissen.	
Aufrollen (Mitte)	Hier rollt sich die neue Szene von der Mitte heraus nach vier Seiten auf. Man bekommt den Eindruck, als würde die Szene durch eine Papierschicht dringen und deren Ränder zur Seite schieben.	
Seite aufrollen	Diesen Effekt kennt man von Papier, das zu lange in der Sonne gelegen hat, es rollt sich auf.	
Seite umblättern	Ein Effekt wie beim Umblättern einer Zeitschrift.	
Wegrollen	Das alte Bild rollt sich zusammen und gibt so die Sicht auf das neue frei.	

Tab. L6.7: Seite aufrollen

Überblendungen und Filter

Spezialeffekte

Die *Spezialeffekte* erlauben Ihnen, wie der Name schon sagt, recht aufwendige und eindrucksvolle Effekte. Leider lassen sie sich drucktechnisch nicht so optimal darstellen.

Effekt	Beschreibung	Beispiel
Drei-D	Stellt den Übergang dreidimensional dar. Mit einer 3D-Brille können Sie den Übergang räumlich wahrnehmen.	
Struktur	Blendet die Struktur des neuen Bildes schon ein und reduziert die Struktur des alten.	
Versetzen	Die Bildinformationen werden versetzt eingeschoben.	

Tab. L6.8: Spezialeffekte

Wischen

Interessant sind auch die Effekte *Wischen*, welche die Szenen ineinanderlaufen lassen. Obwohl recht simpel, werden sie auch in großen Kinoproduktionen wie *Star Wars* oder *Total Recall* angewandt.

Wischen-Effekte

Effekt	Beschreibung	Beispiel
Beliebig wischen	Das neue Bild wird – wie mit einem Lappen – von oben nach unten in das Bild eingewischt.	

Effekt	Beschreibung	Beispiel
Beliebige Blöcke	Das neue Bild wird in lauter einzelnen, willkürlich verstreuten Blöcken eingeblendet.	
Bänder (Wischen)	Die folgende Szene wird in Form von Bändern verwischend in das Bild geschoben.	
Einschub	Die Folgeszene wird von oben her kommend eingeblendet.	
Farbkleckse	Die Folgeszene wird nach und nach in Form von Klecksen eingeblendet.	
Farbverlauf	Die Bilder werden mithilfe eines frei einstellbaren Farbverlaufs ineinander überblendet.	
Jalousie	Die Bilder werden in Form einer Jalousie ein- bzw. ausgeblendet.	

Effekt	Beschreibung	Beispiel
Keil (Wischen)	Das neue Bild erscheint in einer Keilform und baut sich so vollständig auf.	
Radiale Wischblende	Die Szene wird vom Mittelpunkt her rundherum aufgebaut.	
Schachbrett	Der folgende Clip wird nach und nach in Form eines gleichmäßigen Schachbrettmusters durchgeblendet.	
Schachbrett (Wischen)	In diesem Fall sind die Rechtecke, die das Schachbrett ausmachen, nicht gleichmäßig.	
Schiebetüren	Der nächste Clip wird wie durch eine sich öffnende Schiebetür eingeblendet.	
Spirale (Kästchen)	Das Bild baut sich spiralförmig in Form von kleinen Kästchen auf bzw. ab.	

Effekt	Beschreibung	Beispiel
Uhr (Wischen)	Die folgende Szene wird im Uhrzeigersinn eingeblendet.	
Welle (Kästchen)	Das nächste Bild wird in Wellenform, ähnlich wie man eine Mauer aufbaut, durchgeblendet.	
Windrad	Das ursprüngliche Bild wird vom neuen in Form einer Windmühle verdeckt.	
Wischen	Hier findet ein einfaches Wischen von links nach rechts (oder umgekehrt) statt.	

Tab. L6.9: Wischen

Zoom

Mit den *Zoom*-Effekten können Sie den Übergang entsprechend Ihren Wünschen vergrößern oder verkleinern.

Zoom

Effekt	Beschreibung	Beispiel
Einzoomen & Auszoomen	Das erste Bild wird zur Mitte hin eingezoomt, also vergrößert, und beim Auszoomen wird das andere Bild am Ende des Zoomvorgangs angezeigt.	

Effekt	Beschreibung	Beispiel
Zoom	Normales Ein- oder Auszoomen des Bildes von der Mitte her.	
Zoom (Kästchen)	Die folgende Szene wird in einer Reihe von Kästchen so lange eingezoomt, bis das ganze Bild erscheint.	
Zoom (Spuren)	Bei diesem Effekt bleiben die einzelnen Zoomspuren erhalten. Dadurch entsteht ein Geschwindigkeitssprung.	

Tab. L6.10: Zoom

Zuweisen

Mit den *Zuweisen*-Effekten können Sie zum einen die Grundfarben und zum anderen die Helligkeit verändern und so surrealistische Effekte erzielen.

Effekt	Beschreibung	Beispiel
Kanalzuordnung	Ermöglicht, die drei Grundfarben zu entfernen bzw. einzublenden.	

Effekt	Beschreibung	Beispiel
Luminanz	Hiermit können Sie die Helligkeit der Szene verändern.	

Tab. L6.11: Zuweisen

Videoeffekte

Wie Sie im vorherigen Abschnitt gesehen haben, können Sie die Übergänge zwischen zwei Szenen recht vielfältig gestalten. Dazu wurde eine Sequenz angelegt, auf die der Effekt angewandt wurde.

Im Folgenden werden Sie den Einsatz von *Videoeffekten* kennenlernen. Diese werden im Gegensatz zu den Effekten auf den Clip selbst angewendet. Konkret handelt es sich dabei um Funktionen, die ein Bild vollständig verfremden können. Vielleicht kennen Sie solche Verfremdungseffekte von Ihrem Bildbearbeitungsprogramm her, wo Sie einmal aus Spaß Ihr Foto „verunstaltet" haben. Und genau dieselben Auswirkungen haben die Ihnen im Folgenden vorgestellten Videofilter.

Videoeffekte

Arbeiten mit Effekten

Einen Videoeffekt können Sie immer nur einem ganzen Clip zuweisen. Auf einzelne markierte Frames haben sie keine Auswirkung.

Die Videoeffekte finden Sie im Bedienfeld mit der gleichnamigen Bezeichnung.

1. Holen Sie diese gegebenenfalls über das Fenster *Effekte* auf den Schirm.
2. Um an die Effekte zu gelangen, müssen Sie auch hier auf den kleinen, nach rechts weisenden Pfeil klicken.

Abb. L6.23: Premiere Pro spart auch nicht mit *Videoeffekten*

Um einem Clip einen solchen Filter zuzuweisen, gehen Sie wie folgt vor:

1 Klicken Sie im Schnittfenster auf den Clip, dem Sie den Filter zuweisen möchten.

2 Klicken Sie dann im Bedienfeld *Effekte* den gewünschten *Effekt an.*

3 Ziehen Sie ihn bei gedrückter linker Maustaste auf den Clip.

4 Je nach Clip öffnet sich ein Dialogfenster, in dem Sie mehr oder weniger viele Einstellungen vornehmen können. Diese Dialogfenster sind recht unterschiedlich gestaltet und die Erklärung aller würde den Rahmen dieses Buchs bei Weitem sprengen. Die meisten von ihnen verfügen allerdings über ein Vorschaufenster. Darin können Sie die Änderungen der Einstellungen sogleich beurteilen. Sollte Ihnen beim Herumexperimentieren ein Filter gar nicht gefallen, können Sie jederzeit mit *Abbrechen* die Aktion beenden.

5 Weisen Sie einem Clip einen Effekt zu, wird dieser in den *Effekteinstellungen* aufgeführt.

Abb. L6.24: Ändern Sie den Videoeffekt nach Ihren Vorstellungen

Ist der Clip nicht (mehr) markiert, können Sie einen mit einem Videoeffekt versehenen Clip auch im Schnittfenster erkennen, denn der Effekt wird direkt über der *Keyframe*-Leiste des Clips in Form eines violetten Streifens angegeben.

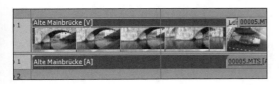

Abb. L6.25: Dieser Clip verfügt über eine Effekteinstellung

Sie können sogar mehrere Filter kombinieren. Dazu weisen Sie dem betreffenden Clip einfach den weiteren Filter zu.

Verfügt ein solcher Clip über mehrere zugewiesene Effekte, werden diese im Bedienfeld aufgelistet. Diese Filter werden später bei der Berechnung des Clips mit den dort angezeigten Parametern verwendet.

Durch Umstellen der Effektreihenfolge in dieser Liste können Sie die Reihenfolge für die Effekte bestimmen.

6 Klicken Sie dazu einfach auf den Effekt, halten Sie die linke Maustaste gedrückt und verschieben Sie den Effekt bei angezeigter Hand ❶ an die gewünschte Position.

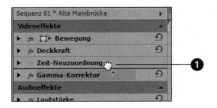

Abb. L6.26: Die Reihenfolge ändern

7 Möchten Sie einen Filter entfernen, klicken Sie ihn im Bedienfeld einfach an.

8 Anschließend müssen Sie lediglich die [Entf]-Taste drücken. Alternativ können Sie auch mit der rechten Maustaste auf besagten Effekt klicken und aus dem Kontextmenü den Eintrag *Löschen* wählen.

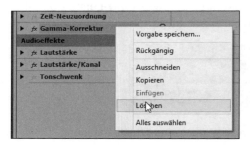

Abb. L6.27: Einen Effekt entfernen

Und schon ist der Effekt entfernt.

Interessante Videoeffekte

Premiere Pro stellt Ihnen über neunzig Videoeffekte zur Auswahl, die Ihnen einzeln im Rahmen dieses Buchs nicht alle vorgestellt werden können. Die Identifikation und der Verwendungszweck sind jedoch meist leicht anhand der Namen auszumachen und Sie werden sehen, dass man im Prinzip zwischen den reinen Effektfiltern und den Korrekturfiltern unterscheidet. Während es bei der ersten Gattung mehr um den optischen Reiz geht, versucht die zweite mit Mitteln, die von der Bildbearbeitung herrühren, das Rohmaterial zu verbessern.

Bemerkenswerte Effektfilter

Im Folgenden finden Sie eine Reihe von Videoeffektfiltern, mit deren Hilfe Sie die Wirkung der Clips verändern können. Bei nahezu allen diesen Effekten können Sie nach einem Klick auf den Eintrag *Setup* im *Effekteinstellungen*-Bedienfeld unterschiedliche Einstellungen vornehmen.

Videoeffektfilter

- *Blendenflecke*
  Diesen Filter finden Sie unter *Generieren* unter der Bezeichnung *Blendenflecke*. Mit diesem Effekt können Sie den Schrecken aller Kameramänner simulieren: direktes Sonnenlicht, d. h. direkten Lichteinfall in das Objektiv.

Blendenflecke

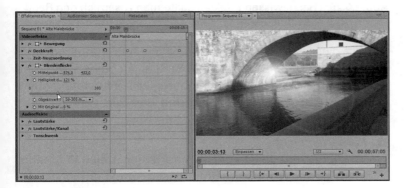

Abb. L6.28: Blendenfleckeneinstellungen

- *Zuschneiden*
  Sie finden diesen Filter unter *Transformieren*. Wie Sie vielleicht bereits bemerkt haben, kommen bei bestimmten Bewegungen des Videoclips, etwa dem *Herausdrehen*, Ränder in den sichtbaren Bildbereich. Möchten Sie das verhindern, können Sie den Clip auch gleich beim

Beschneiden & Skalieren

Digitalisieren beschneiden oder dies nachträglich mithilfe des Filters *Zuschneiden* erledigen.

Wenn Sie auf die kleinen Pfeile der Untermenüpunkte dieses Filters klicken, können Sie anschließend die entsprechenden Beschneidungsoptionen festlegen.

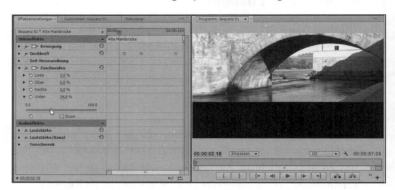

Abb. L6.29: Bei gewissen Effekten sollte man zusätzlich den Rand beschneiden

Auf diese Art und Weise können Sie nun den Rand wegnehmen. Dabei werden die Seiten, an denen Sie eine Prozentzahl über die Schieberegler eingestellt haben, entsprechend abgeschnitten und das Bild wird dadurch verkürzt.

Kameraansicht

■ *Kameraansicht*
Was Ihnen mit der Originalkamera in der „freien Wildbahn" nicht gelang, können Sie mit diesem Effekt erreichen, der ebenfalls unter *Transformieren* zu finden ist. Nahezu jede beliebige Kameraposition lässt sich so einstellen, wobei Sie gleich das Ergebnis im Vorschaufenster betrachten können.

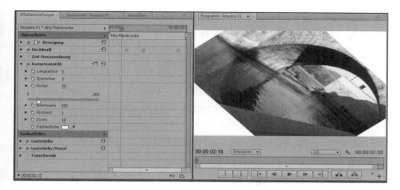

Abb. L6.30: Damit lassen sich extreme Standorte gestalten

■ *Strudel*   **Strudel**
Hierbei handelt es sich um einen typischen Vertreter der Verfremdungseffekte, welchen Sie unter *Verzerren* finden. Er verzerrt das Bild horizontal und vertikal in alle Richtungen.

Abb. L6.31: Der Effekt *Strudel* in Aktion

Hilfreiche Korrekturfilter

Sehr viel häufiger als die reinen Effektfilter, die ein Bild als optischen Reiz verändern, werden Sie vermutlich mit *Korrekturfiltern* arbeiten. Diese Filter verzerren ein Bild nicht, sondern

Korrekturfilter

korrigieren beispielsweise nachträglich die Farbanteile, hellen dunkle Stellen auf oder schärfen ein Bild.

Allerdings können diese Filter eine schlechte Aufnahme nicht in eine gute verwandeln und Sie sollten im Vorfeld wissen, dass die Anwendung eines solchen Filters zu einer sehr hohen Rechendauer führt. Nichtsdestotrotz lassen sich einzelne Stellen, die Sie beispielsweise als einzelnen Clip aus dem Gesamtwerk herausgeschnitten haben, durchaus optisch aufbereiten.

Schärfen/ Weichzeichnen

■ *Schärfen oder Weichzeichnen*
Wenn die Aufnahmen nicht deutlich genug sind und Sie Details mehr schlecht als recht erkennen können, dann sollten Sie es mit einem Filter für die Schärferegulierung probieren.

Dazu steht Ihnen der Filter *Scharfzeichner* zur Verfügung, den Sie im Bereich *Weich- und Scharfzeichnen* finden.

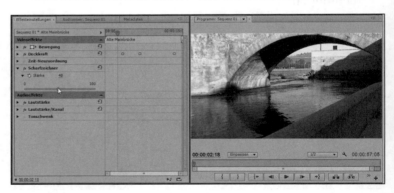

Abb. L6.32: Der Scharfzeichnungsfilter

■ Das Gegenteil vom Schärfen ist das Weichzeichnen. Beispielsweise können Sie hier den Filter *Schneller Weichzeichner verwenden*.

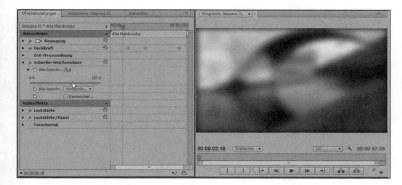

Abb. L6.33: Absoften mit dem Weichzeichnungsfilter

In diesem Fall wird das Bild bewusst unscharf gestellt, um der Szene einen besonderen Touch zu geben.

L7 Audioclips einsetzen

Vielleicht haben Sie schon einmal den Spruch „Der Ton macht die Musik" gehört? Umgesetzt auf Premiere Pro bedeutet das, dass ein Film aus reinen Bildern meist nicht sehr unterhaltsam ist. Der Ton – und ganz besonders die Musik – spielt eine wichtige Rolle in Filmen und Videos. Gewiss fiele es jedem schwer, sich die Spannung in *Das Boot* oder *The Watch* ohne Musik vorzustellen.

> Nehmen Sie nicht irgendein Musikstück, sondern überlegen Sie sich genau, ob die Musik auch zu den Bildern passt.

Bislang wurde Ihnen nur das Bearbeiten von (bewegten) Bildern vorgestellt. Doch die Stummfilmzeit ist lange vorbei und selbst da gab es bereits Musikbegleitung in Form eines Klavierspielers. So spielt auch die digitale Tonverarbeitung beim Arbeiten mit Premiere Pro eine wichtige Rolle. Sicherlich werden auch Sie den einen oder anderen Lieblingsfilm haben und sich an die Titelmelodie erinnern. Nicht zuletzt deswegen werden Sie bald merken, dass die Auswahl einer Hintergrundmusik und das Einblenden eines Geräuschs oder eines Hintergrundkommentars in Kombination mit dem Originalton der Aufnahme sehr wichtig sein können. Im Folgenden werden Sie deshalb sehen, wie man Sound mit und in Premiere Pro verarbeitet und wie man mit Ton einen Videofilm richtig aufpeppen kann.

Im Regelfall werden Sie es bei der Tonbearbeitung in Premiere Pro mit zwei Möglichkeiten zu tun haben:

- Sie fügen den Clips weitere Toninformationen, wie gesprochene Kommentare oder Hintergrundmusik, hinzu oder
- Sie bearbeiten den Originalton, der bereits beim Digitalisieren mit auf den Videofilm gespeichert wurde.

Stellen Sie am besten zunächst den Arbeitsbereich *Audio* über das Menü *Fenster* ein.

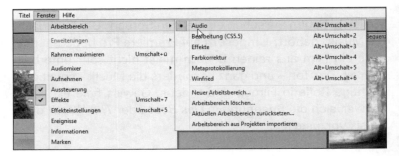

Abb. L7.1: Den Audio-Arbeitsbereich einstellen

So kommt der Ton zu Premiere Pro

Sehr oft werden Sie zusätzliche Tondateien in Ihr Premiere-Pro-Projekt einbinden mögen. Das setzt voraus, dass diese in digitalisierter Form vorliegen.

Bitte beachten Sie bei der Verwendung von Tondateien, dass bei der gewerblichen Nutzung ganzer Lieder oder typischer Sequenzen GEMA-Gebühren fällig werden, sofern nicht der Autor der Werke ausdrücklich darauf verzichtet hat oder es sich um freie Musik handelt.

Import von Tondateien

Liegen die Tondateien bereits in digitalisierter Form vor, müssen sie lediglich in Ihr Projekt importiert werden.

Bislang haben Sie lediglich mit Videoclips gearbeitet. Im Folgenden wird sich das ändern und deshalb ist es ratsam, sich zunächst einen eigenen Ablageordner für die Sounddateien anzulegen.

Diese Arbeit erledigen Sie im Projektfenster.

1 Klicken Sie dazu mit der Maus auf das Symbol *Neue Ablage*, welches Sie am unteren Rand des Projektfensters finden.

Tondateien importieren

Abb. L7.2: Hilfreich – ein eigener Ablageordner für die Sounddateien

2 Vergeben Sie anschließend direkt unterhalb des neu erstellten Ablageordners einen Ablagenamen, z. B. Audio.

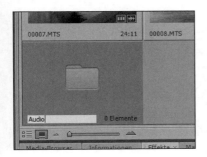

Abb. L7.3: Die neue Ablage

3 Achten Sie darauf, dass diese Ablage markiert bleibt, und schon können Sie die digitalisierten Audioclips einfach über das Menü *Datei / Importieren* hinzufügen.

4 Wählen Sie den Ablageordner (auf Ihrem Computer) aus, der die Dateien enthält, markieren Sie die zu importierende Datei und befördern Sie sie mit einem Klick auf *Öffnen* in das Projektfenster.

5 Anschließend verschieben Sie sie mit gedrückter Maustaste in den neu erstellten Ordner.

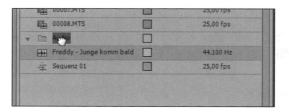

Abb. L7.4: Eine importierte Sounddatei verschieben

6 Sollte der Vorschaubereich an dieser Stelle nicht sichtbar sein, blenden Sie diesen über das Bedienfeldmenü und Anwahl des Menüpunkts *Vorschaubereich* ein.

7 Wenn Sie eine der Dateien durch Anklicken markieren, erscheinen im oberen Bereich detaillierte Informationen zu der Datei und Sie können sie über einen kleinen Abspieler anhören.

Abb. L7.5: Gleich mal anhören!

Aufnahme von Tondateien

Liegen die Tondateien noch nicht vor, müssen Sie unterscheiden, ob es sich um digitale oder analoge Quellen handelt.

Tondateien aufnehmen

Import von einer digitalen Quelle

Liegen die Toninformationen bereits in einer digitalen Form vor, macht es eigentlich keinen Sinn, sie erst mit einem Soundeditor aufzunehmen. Einfacher ist es, diese Dateien direkt zu übernehmen. Allerdings ist Premiere Pro dazu nicht in der Lage, sodass Sie auf Drittanbieter zurückgreifen müssen. Sie benötigen einen sogenannten *CD-Ripper*, der Musikstücke aus CDs auslesen und als Datei auf die Festplatte speichern kann. Dieser Vorgang wird auch als *Rippen* bezeichnet.

Sie müssen für das Auslesen einer CD mit Hintergrundgeräuschen oder Samples nicht einmal Geld investieren, sondern können beispielsweise auf Freeware aus dem Internet zurückgreifen.

CD auslesen

Unter der Adresse *http://www.mpex.net/software/details/cdex.html* finden Sie beispielsweise ein brauchbares Ausleseprogramm mit dem Namen *CDex*.

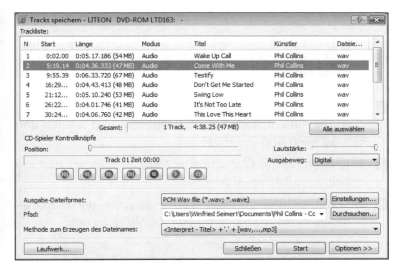

Abb. L7.6: Lesen Sie CDs mit einem Freewaretool aus

Dieses Tool kann Tracks einer CD auslesen und sie entweder als *.wav*- oder als *.mp3*-Datei ausgeben. Die Bedienung ist dabei wirklich kinderleicht.

1 Sie wählen lediglich den Audiotrack aus,

2 klicken auf die Schaltfläche mit dem gewünschten Format und schon geht es los.

Hilfreich ist es allerdings, zuvor über die Schaltfläche *Optionen* auf die Registerkarte *Dateinamen* zu wechseln und dort den Speicherort der Datei unter *Ausgabe Dateiformat und Verzeichnisse* festzulegen.

Je nach Videokarte liegt dieser unter Umständen bereits ein Tool zur Übernahme von digitalen Informationen bei. Dann können Sie sich den Download aus dem Internet sparen.

So wird vielen CD-Brennern das Programm *Nero* beigepackt. Mithilfe dieses Programms ist es ein Kinderspiel, Lieder von einer CD für Ihr Projekt zu übernehmen.

Eine aktuelle Testversion des Programms können Sie sich unter der Adresse *http://www.nero.com/deu/index.html* herunterladen.

1 Nachdem Sie das StartSmart-Center gestartet haben, klicken Sie auf die Nero-Start-Schaltfläche und wählen den Eintrag *Nero Burning ROM* aus.

2 Schließen Sie das Dialogfenster *Neue Zusammenstellung* mit einem Klick auf *Abbrechen*.

3 Im Programmfenster von Nero rufen Sie die Menüreihenfolge *Extras / Speichern von Audiotracks* auf.

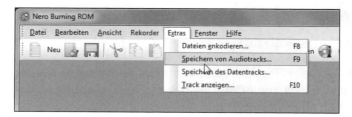

Abb. L7.7: Dieses Menü benötigen Sie, um Tracks auf der Festplatte abzuspeichern

Es öffnet sich nun das Fenster *Audiotracks auf Festplatte speichern*, in dem Sie die Tracks auswählen können.

4 Markieren Sie in der Trackliste den gewünschten Titel.

Abb. L7.8: Wählen Sie die gewünschten Tracks aus

5 Verfügt die CD über keine Angaben zum *Titel* oder *Interpreten*, können Sie mithilfe der CD-Spieler Kontrollknöpfe herausfinden, ob es der richtige Titel ist.

Diese Schaltflächen funktionieren wie an Ihrem CD-Player und erklären sich selbst.

Als Nächstes sollten Sie das Ausgabe-Dateiformat festlegen.

Standardmäßig schlägt *Nero Digital Audio (*.mp4) (*.wav)* vor, was hier eine gute Wahl ist.

6 Über die Optionen der Registerkarte *Ausgabe* können Sie das Ausgabeformat ändern. Hier finden Sie im Bereich *Format* das Listenfeld *Dateiformat*. Hier sollten Sie die

Option *Wave* wählen. Dieses Format ermöglicht Ihnen erstklassigen CD-Sound.

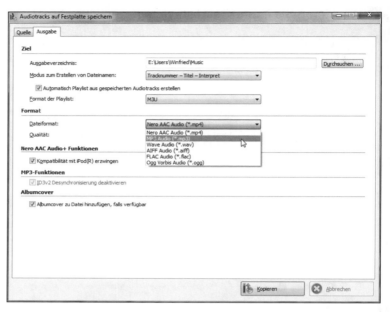

Abb. L7.9: Stimmt die Ausgabequalität?

Danach legen Sie gegebenenfalls noch im Feld *Ausgabeverzeichnis* den Pfad für die *.wav*-Dateien auf Ihrer Festplatte fest, wenn Sie nicht mit der Standardvorgabe einverstanden sind.

7 Dazu müssen Sie einen Klick auf die Schaltfläche *Durchsuchen* hinter der vorhandenen Pfadangabe setzen, um in das Dialogfenster *Ordner suchen* zu gelangen.

8 Vielleicht wählen Sie auch den Ordner *Eigene Musik* und erstellen noch zusätzlich einen weiteren Ordner für die Dateien, sodass Sie nicht den Überblick verlieren, wenn Sie demnächst mehrere CDs erstellen.

9 Schließen Sie dieses Fenster mit *OK*.

10 Klicken Sie dann auf *Kopieren*, um das Auslesen zu beginnen.

Abb. L7.10: Festlegen des Speicherorts

In der Spalte *Kopierstatus* erhalten Sie nun Informationen, wie weit der Auslesevorgang vorangeschritten ist.

Abb. L7.11: Der Auslesevorgang läuft

Nach Abschluss des Auslesens finden Sie den kompletten Track als .wav-Datei auf Ihrer Festplatte gespeichert.

11 Verfahren Sie jetzt so mit allen Tracks, die Sie verwenden wollen.

12 Haben Sie alle Tracks zusammen, beenden Sie diesen Schritt mit einem Klick auf die Schaltfläche *Schließen*.

Digitalisieren von analogem Material

Analoger Ton Liegt die Toninformation analog vor, muss sie zunächst digitalisiert werden. Auch hier hilft Ihnen Premiere Pro nicht weiter und Sie müssen auf ein externes Programm ausweichen. Das ist, insbesondere wenn Sie Windows verwenden, jedoch nicht tragisch, da jedes Windows-System über einen einfachen Audiorecorder verfügt, der problemlos von Premiere Pro aus aufgerufen werden kann.

> Sehr oft wird mit der Videokarte ein weitaus umfangreicheres Programm zum Bearbeiten von Tondateien mitgeliefert. Diese komfortableren Programme ermöglichen Ihnen zumeist wesentlich mehr Effekte und Veränderungen als der Audiorecorder. Für die meisten grundlegenden Arbeiten genügt das Windows-Bordmittel aber voll und ganz. Einziger Nachteil ist und bleibt allerdings, dass die Aufnahmedauer bis Windows XP auf 60 Sekunden begrenzt war. Wenn es um das Zuspielen kleiner Interviews oder von ein paar Hintergrundgeräuschen geht, ist die folgende Lösung jedoch sehr praktisch.

Wenn Sie die Audiosignale von einer anderen Quelle als Ihrem Camcorder zuspielen, müssen Sie zunächst das Windows-Zusatzprogramm *Audiorecorder* starten.

1 Sie erhalten es nach Aufruf der Menüreihenfolge *Start / Alle Programme / Zubehör* bzw. Anklicken der entsprechenden Kachel.

Abb. L7.12: Der Audiorecorder – einfach, aber ausreichend

Das eigentliche Aufnehmen mit dem Programm ist – wie Sie gleich sehen werden – recht einfach.

Bevor Sie sich jedoch an die Aufnahme machen, sollten Sie einige Einstellungen vornehmen, welche die Qualität der Toninformationen betreffen. Die Eingaben, die Sie hier machen, sind nämlich für die spätere Vertonung und Wiedergabe auf Ihrem Computer von elementarer Bedeutung.

2 Schließen Sie zunächst den Audiorecorder über das *Schließen*-Feld.

3 Klicken Sie dann mit der rechten Maustaste auf das Lautsprechersymbol in der Taskleiste und rufen Sie das Menü *Aufnahmegeräte* auf.

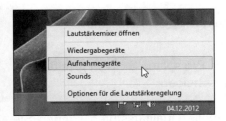

Abb. L7.13: Die Aufnahmegeräte konfigurieren

Im Folgenden kommt es darauf an, aus welcher Quelle Sie die Tondateien einspeisen möchten.

Wenn Sie das Abspielgerät (Radio, Kassettenrekorder, CD-Spieler usw.) an die Line-In-Buchse der Soundkarte anschließen, gehen Sie wie folgt vor:

4 Markieren Sie den Eintrag *Eingang* und klicken Sie auf die Schaltfläche *Eigenschaften*.

5 Rufen Sie die Registerkarte *Erweitert* auf und klicken Sie auf das Listenfeld im Bereich *Standardformat*, über das Sie die generelle Qualität der Aufnahme festlegen.

Abb. L7.14: Legen Sie hier die Qualität der Aufnahme fest

Beim Arbeiten mit Premiere Pro sollten Sie sich grundsätzlich für die *CD-Qualität* entscheiden.

Als Anhaltspunkt für eventuelle Qualitätsstufen können Sie von folgenden Werten ausgehen:

Hertz	Qualität
8.000 Hz	Entspricht in etwa der Qualität beim Telefonieren übers Festnetz. Dieses Format eignet sich nur für Sprachaufnahmen.
11.025 Hz	Diese Qualität erreichen Sie bei einem schlechten Radioempfang in Mono.
22.050 Hz	Unter dieser Qualität ist Stereoempfang einer Radiostation im UKW-Bereich ausreichend möglich.
44.100 Hz	Beste Qualität der CD-Wiedergabe.

Tab. L7.12: Qualitätsstufen bei Tonaufnahmen

6 Beenden Sie die Arbeiten an diesem Dialogfenster mit *OK*.

Sie können die Tondaten aber auch über ein Mikrofon übertragen. Dazu schließen Sie es an die Mic-In-Buchse der Soundkarte an.

Zusätzlich sollten Sie die Konfiguration des Mikrofons über die Registerkarte *Aufnahme* des Dialogfensters *Sound* prüfen.

1 Markieren Sie diesen Eintrag.

Abb. L7.15: Das Mikrofon konfigurieren

2 Klicken Sie auf die Schaltfläche *Konfigurieren*.

3 Im folgenden Dialogfenster *Spracherkennungsoptionen* nehmen Sie die näheren Einstellungen des Mikrofons vor. Insbesondere sollten Sie einmal auf den Hyperlink *Mikrofon einrichten* klicken und die entsprechenden Einstellungen vornehmen.

4 Verlassen Sie dieses Dialogfenster über das *Schließen*-Feld und das Dialogfenster *Sound* mit *OK*.

Sind alle Voreinstellungen getroffen, kann es endlich losgehen (nachdem Sie in Ihrer Umgebung für Ruhe gesorgt haben!).

5 Starten Sie den Zuspieler bzw. schalten Sie das Mikrofon ein.

6 Starten Sie dann den Audiorecorder und klicken Sie auf die *Aufnahme*-Schaltfläche mit dem roten Punkt.

Die Aufzeichnung beginnt.

Abb. L7.16: Band läuft!

Während der Aufnahme zeigt der Audiorecorder Ihnen ständig die Länge des aufgezeichneten Clips an.

7 Ist die Stelle erreicht, an der Sie die Aufnahme beenden wollen, klicken Sie einfach auf die Schaltfläche *Aufnahme beenden*, die Sie leicht anhand des Rechtecks erkennen.

Bevor Sie jetzt darangehen, die Aufnahme weiter zu bearbeiten, sollten Sie diese speichern. Geht bei den folgenden Bearbeitungsschritten etwas schief, können Sie jederzeit auf die Originaldatei zurückgreifen.

8 Stellen Sie im sich öffnenden Dialogfenster *Speichern unter* den gewünschten Speicherort ein und vergeben Sie einen aussagekräftigen Namen.

Leider speichert der Audiorecorder nur Dateien im Format *Windows Media-Audiodatei* ab. Diese können jedoch problemlos von Premiere Pro importiert werden.

Die auf die eben vorgestellte Art und Weise digitalisierten Audioclips lassen sich anschließend, wie oben aufgezeigt, über *Datei / Importieren* problemlos in Ihr Projekt einbinden.

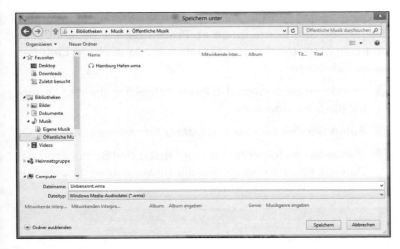

Abb. L7.17: Speichern Sie die aufgenommene Datei ab

Bearbeiten von Ton

In den meisten Fällen werden Sie den Originalton des Videos nachbearbeiten wollen. In diesem Fall ist ein externer Soundeditor nicht nötig, sondern Sie können alle erforderlichen Schritte direkt in Premiere Pro durchführen.

- Sie haben mehrere Möglichkeiten, einen Audioclip zu bearbeiten:

Audioclip bearbeiten

- direkt beim Einfügen des Clips im Monitorfenster
- durch Anpassungen direkt im Schnittfenster
- über die Abstimmung in einem virtuellen Mischpult
- durch Anwenden eines Audioeffekts

Einfügen eines Audioclips

Als Erstes sollten Sie – sofern noch nicht geschehen – den *Arbeitsbereich* auf *Audio* umstellen.

Sodann sollten Sie die Audioclips in Ihr Projekt aufnehmen. Dieser Vorgang dürfte Ihnen im Prinzip bereits bekannt sein, denn die nächsten Schritte entsprechen denen beim Einfügen eines Videoclips:

Audioclip einfügen

1 Markieren Sie zunächst in Ihrem Projektfenster den Ordner für die Sounddateien.

2 Rufen Sie den Menüpunkt *Datei / Importieren* auf.

3 Stellen Sie im folgenden Dialogfenster den Speicherort der Dateien ein, markieren Sie die gewünschten Soundclips und klicken Sie auf *Öffnen*.

Abb. L7.18: Die Soundclips importieren

Die Clips werden nun importiert und in dem gewählten Ordner platziert.

Nun kann es an das Einfügen der Soundclips in Ihr Projekt gehen.

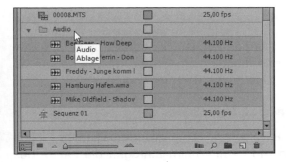

Abb. L7.19: Die importierten Audioclips

4 Im Projektfenster führen Sie einen Doppelklick auf die Sounddatei aus.

Daraufhin wird der Soundclip im Monitorfenster geöffnet, das über die erforderlichen Abspieleinrichtungen verfügt.

5 Um diesen Clip in die Audiospur zu befördern, müssen Sie ihn anschließend nur noch mit der Maus anklicken und ihn bei gedrückter linker Maustaste in die entsprechende Audiospur ziehen.

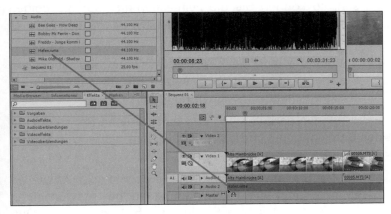

Abb. L7.20: Ziehen Sie den Audioclip einfach auf eine Audiospur

Monitorfenster

Einfache Beschneidungen können Sie bereits beim Einfügen des Clips im Monitorfenster vornehmen. Dazu arbeiten Sie wie bei den Videoclips mit *In-* und *Out-Points*.

Festlegen der In- und Out-Points

Wenn Sie beispielsweise eine Hintergrundmusik in Ihr Projekt einfügen, können Sie bereits beim Einfügen die Länge des Musikstücks festlegen.

In- und Out-Points

Im Monitorfenster können Sie nun die Audiodaten kürzen, um beispielsweise bestimmte Stummphasen herauszunehmen oder nur eine bestimmte Stelle einzufügen.

1 Klicken Sie auf die Schaltfläche *Abspielen* ❶, damit die Wiedergabe startet.

2 Ist der gewünschte Punkt erreicht, klicken Sie auf die Schaltfläche *Abbrechen*.

3 Sind Sie gegebenenfalls über das Ziel hinausgeschossen, so können Sie die Feinjustierung über die beiden Schaltflächen *Schritt zurück* ❷ bzw. *Schritt vorwärts* ❸ vornehmen.

4 Sobald Sie auf diese Art und Weise den geplanten Startpunkt erreicht haben, setzen Sie über die entsprechende Schaltfläche den *In-Point* ❹.

Er wird Ihnen daraufhin in Form eines grünen Rechtecks mit der Bezeichnung *I* und eines nach unten weisenden Strichs angezeigt.

5 Spulen Sie nun den Clip über die Schaltfläche *Abspielen* ❶ bzw. über die Feinjustierung an den gewünschten Endpunkt und setzen Sie ihn durch Anklicken der *Out-Point*-Schaltfläche ❺.

Im Monitorfenster erkennen Sie ihn als rotes Rechteck mit der Bezeichnung *O* und einem nach oben weisenden roten Strich.

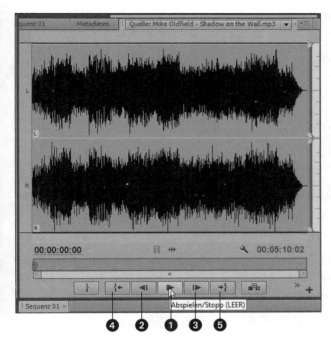

Abb. L7.21: Legen Sie bestimmte Stellen mit In- und Out-Points fest

Durch die Definition von Start- und Endpunkt haben Sie nun die betreffende Teilsequenz ausgewählt.

🔲 Um sich über das Ergebnis einen Eindruck zu verschaffen, sollten Sie einmal den *Schaltflächeneditor* ❶ über die kleine Schaltfläche mit dem Pluszeichen einblenden.

🔲 Über die Schaltfläche *Von In bis Out abspielen* ❷ wird der Clip einmal abgespielt wird.

🔲 Können Sie nicht genug bekommen, dann wählen Sie die Schaltfläche *Endlosschleife* ❸, wodurch die besagte Stelle so oft abgespielt wird, bis Sie die *Abbrechen*-Schaltfläche betätigen.

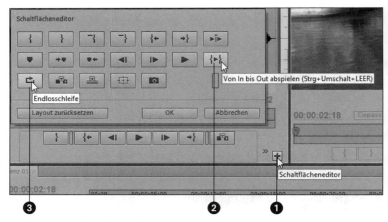

Abb. L7.22: Der Schaltflächeneditor (Fotomontage)

9 Möchten Sie die Einschränkungen wieder aufheben, rufen Sie das Menü *Marke* auf und wählen den Menüpunkt *In- und Out-Points löschen*.

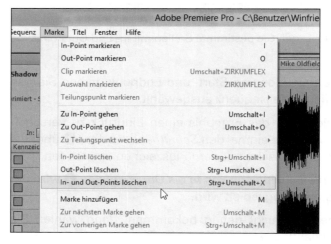

Abb. L7.23: Alles (wieder) löschen

Nun können Sie den Audioclip wieder in voller Länge abspielen.

Schnittfenster

Die weitaus häufigsten Veränderungen werden Sie vermutlich im Schnittfenster vornehmen.

Lautstärke

Sehr oft werden Sie die Lautstärke anpassen wollen, etwa weil die Hintergrundmusik zu laut oder zu leise ist oder weil gerade im spannendsten Moment eines Interviews ein Flugzeug über Sie hinweggedonnert war.

Lautstärke anpassen

Die Lautstärke können Sie recht einfach und intuitiv bestimmen.

1 Zunächst sollten Sie nur den Namen des Clips eingeblendet lassen.

2 Klicken Sie dazu auf die Schaltfläche *Anzeigestil festlegen* und wählen Sie den Eintrag *Nur Namen einblenden* aus.

Abb. L7.24: Ansicht des Audioclips ändern

3 Anschließend aktivieren Sie über die Schaltfläche *Keyframes anzeigen* den Menüpunkt *Clip-Keyframes einblenden*.

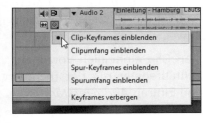

Abb. L7.25:
Die Clip-Keyframes einblenden

4 Aktivieren Sie dann das *Auswahlwerkzeug* ❶ und positionieren Sie es auf der Linie ❷.

5 Wenn sich der Cursor verändert, können Sie durch Ziehen bei gedrückter Maustaste die Lautstärke in die jeweilige Richtung verändern.

Abb. L7.26: Die allgemeine Lautstärke des Clips regeln

Allerdings haben diese Einstellungen nur Auswirkungen auf das Abspielen in Premiere Pro und nicht auf den fertigen Film.

Wenn Sie dagegen den Clip selbst beeinflussen wollen, bietet sich zunächst eine grundlegende *Verstärkung* der Lautstärke an.

Durch Veränderung des Pegels können Sie die Lautstärke mehrerer Clips aneinander angleichen oder ein zu starkes oder zu schwaches Audiosignal anpassen. Hierbei sollten Sie allerdings sehr vorsichtig vorgehen, denn die Erhöhung der Verstärkung kann zu Störungen oder Verzerrungen führen, wenn die Verstärkung zum Zeitpunkt der Digitalisierung des Audioclips zu niedrig eingestellt war.

Audioverstärkung

1 Um die Verstärkung für einen Clip einheitlich vorzunehmen, klicken Sie ihn im Schnittfenster mit der rechten Maustaste an und wählen den Eintrag *Audioverstärkung*.

2 In dem folgenden gleichnamigen Dialogfenster können Sie nun die Eingaben vornehmen.

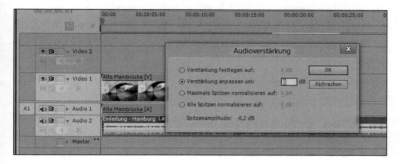

Abb. L7.27: Audioverstärkung durch Anheben des Pegels

Hierbei gelten folgende Grundregeln:

- Mit einem Wert über 0 dB wird der Clip lauter.
- Wenn Sie dagegen einen Wert unterhalb von 0 dB eingeben, dann wird die Lautstärke des Clips abgeschwächt und er wird somit leiser.

Darüber hinaus können Sie aber auch eine Musik langsam ein- oder ausblenden lassen.

Um beispielsweise eine Hintergrundmusik langsam lauter ertönen zu lassen, benötigen Sie einen weiteren Griffpunkt.

3 Dazu müssen Sie lediglich mit dem *Zeichenstift-Werkzeug* ❶ an einer beliebigen Stelle bei gedrückter [Strg]-Taste auf die gelbe Linie ❷ klicken.

Hintergrundmusik anheben

Alternativ können Sie aber auch die Zeitleistenmarke an die Position schieben und dann auf die Schaltfläche *Keyframe hinzufügen/entfernen* klicken.

Schon fügt Premiere Pro einen neuen Punkt ein.

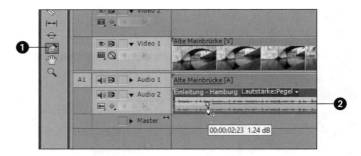

Abb. L7.28: Griffpunkte anlegen

▌4▐ Legen Sie auf diese Art und Weise einen weiteren Punkt an.

▌5▐ Zeigen Sie dann mit der Maus auf den Punkt und ziehen Sie ihn nach unten.

Sobald Sie die Maustaste loslassen, ist die Anfangslautstärke verändert.

Abb. L7.29: Lautstärke mithilfe eines zweiten Griffpunkts langsam senken …

▌6▐ Wenn Sie die Lautstärke erhöhen möchten, ziehen Sie den zweiten, neuen Griffpunkt langsam nach oben.

Sie bekommen dabei in einem kleinen Infofenster den genauen Prozentwert sowie den dB-Wert angezeigt.

Abb. L7.30: … oder eben wieder anheben

Nebengeräusch verringern

Mit den eben gezeigten Mitteln können Sie beispielsweise eine leise Passage verstärken bzw. ein zu lautes Nebengeräusch verringern. Dazu benötigen Sie lediglich einen weiteren Griffpunkt, mit dem Sie die Stelle entweder anheben oder absenken.

Abb. L7.31: Einzelne Stellen lassen sich problemlos anheben (oder absenken)

Dabei gilt folgende Grundregel: Eine ansteigende Linie bedeutet zunehmende Lautstärke, eine abfallende Linie bedeutet abnehmende Lautstärke.

Der Audiomixer, das virtuelle Mischpult

Bestimmt haben Sie schon einmal professionelle Musiker an einem Mischpult gesehen. Ein solches Pult hat Premiere Pro fest eingebaut: den sogenannten *Audiomixer*. Mit diesem Tool können Sie intuitiv den Lautstärkepegel und die Tonschwenk-/Balanceeinstellungen von mehreren Audiospuren anpassen, während Sie sich die Audiospuren anhören und die Videospuren ansehen. So lässt sich wie in einem Tonstudio der Ton nahezu perfekt abmischen und kontrollieren.

Standardmäßig wird Ihnen der Audiomixer nicht angezeigt. Um ihn auf den Bildschirm zu bringen, gehen Sie so vor:

1 Rufen Sie gegebenenfalls den Menüeintrag *Fenster / Arbeitsbereich / Audio* auf bzw. klicken Sie auf die Registerkarte *Audiomixer* des gleichnamigen Bedienfeldes.

Audiomixer

Daraufhin präsentiert Ihnen Premiere Pro eine voreingestellte Aufteilung der Fenster und Sie sehen den Mixer an zentraler rechter Position.

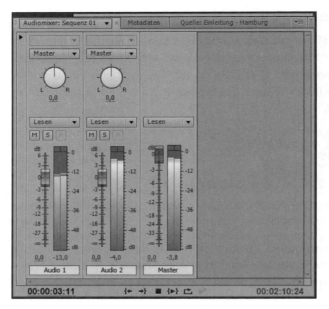

Abb. L7.32: Hier werden gerade die Audiospuren abgespielt

Wie alle Premiere-Pro-Fenster können Sie auch dieses beliebig verschieben.

2 Dazu müssen Sie auf die Registerkarte zeigen und den Audiomixer an die gewünschte Stelle ziehen.

Wie Sie sehen, hält dieses Mischpult für jede der vier Tonspuren einen Satz von Steuerungen bereit. Wie Sie im Folgenden noch sehen werden, können Sie beispielsweise die Lautstärke einer Spur steuern, während Sie diese abspielen.

Am rechten Rand befindet sich schließlich noch der *Master*-Regler, mit dem Sie die Lautstärke der Spuren in Summe kontrollieren.

Lautstärkepegel einer Spur beeinflussen

Die Pegeleinstellung für eine Spur wird direkt unterhalb des Lautstärkereglers in Dezibel (dB) angezeigt. Sie können einen Pegel festlegen, indem Sie in diesem Feld einen Wert zwischen +6 und -∞ (was völliger Stille entspricht) vorgeben. Zudem wird der Audiopegel optisch über die Aussteuerungsanzeige links vom Lautstärkeregler angezeigt. So erkennen Sie schnell, wenn der Pegel zu hoch ist und es zu einer Übersteuerung oder Verzerrung kommt, denn dann leuchtet die kleine LED-Anzeige rot auf.

1 Um ein Stück abzufahren, klicken Sie einmal auf die Schaltfläche *Abspielen*. **Lautstärkepegel anpassen**

2 Ziehen Sie die Schieber versuchsweise hin und her, um die Auswirkungen zu erfahren.

Keine Sorge, im Moment können Sie noch nichts verändern, sondern probieren lediglich aus, wie es sich anhört.

Balance verändern

Mithilfe des Drehreglers oberhalb der Anzeige können Sie einen Tonschwenk durchführen bzw. die Balance bei einer Stereoaufnahme intuitiv verändern.

1 Dazu klicken Sie lediglich auf den Drehknopf und **Balance regeln**

2 ziehen ihn bei gedrückter Maustaste in die gewünschte Richtung.

Abb. L7.33: Einen Tonschwenk durch Verändern der Balance durchführen

Um beispielsweise das Signal für den rechten Kanal zu verstärken,

1 positionieren Sie den Mauszeiger auf dem Drehknopf und

2 ziehen ihn leicht nach rechts.

Lautstärkepegel mehrerer Spuren beeinflussen

Premiere Pro erlaubt Ihnen auch die Beeinflussung der Lautstärkepegel mehrerer Spuren.

Möchten Sie beispielsweise die Einblendung eines Kommentars überprüfen, kann es hinderlich sein, dass dabei immer wieder die Hintergrundmusik abgespielt wird.

Spur deaktivieren

1 Um diese Spur zu deaktivieren, müssen Sie lediglich im Mixer die Schaltfläche *Spur stummschalten* anklicken.

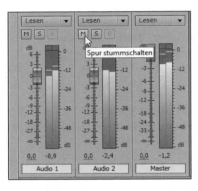

Abb. L7.34: Hier wurde die Musik auf Spur *Audio 2* ausgeschaltet

Solospur

2 Möchten Sie dagegen nur eine einzelne Spur anhören, verwenden Sie die Schaltfläche *Solospur*.

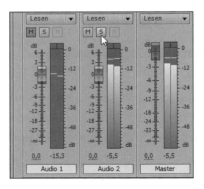

Abb. L7.35: Eine Spur allein abspielen

Aufheben können Sie die Auswahl in beiden Fällen, indem Sie die Schaltfläche abermals anklicken.

Effekte und Filter

Den Einsatz von Effekten bzw. Filtern haben Sie im vorherigen Kapitel kennengelernt. Dabei haben Sie gesehen, dass Filter zum einen zur Korrektur und zum anderen für Effekte verwendet werden. Wie Sie im Folgenden erfahren werden, verfügt Premiere Pro auch im Audiobereich über eine Reihe solcher Filter, wenngleich hier die Möglichkeiten nicht so vielfältig wie bei den Videoclips sind. Da das Arbeiten mit den Audioeffekten weitestgehend dem Arbeiten mit Videoeffekten entspricht, wird im Folgenden nur auf die wichtigsten Unterschiede eingegangen.

Arbeiten mit Audioeffekten

Wie üblich werden Ihnen diese Filter in einem Bedienfeld angeboten. Rufen Sie den Menüeintrag *Fenster / Effekte einblenden* auf, um es sichtbar zu machen.

Abb. L7.36: Übersichtlich geordnet: die Audioeffekte

Audioeffekte anzeigen

Klicken Sie dann auf die Kategorie, die Ihrer Rechnerkonfiguration entspricht. Verfügen Sie über keine *5.1*-Anlage, dann wählen Sie die wohl am häufigsten vorkommende Variante *Stereo*.

Bevor Sie einen dieser Filter anwenden, sollten Sie wissen, dass diese Filter sich immer nur dem gesamten Clip zuweisen lassen. Die Zuweisung eines Audioeffekts erfolgt analog zu der Zuweisung eines Videoeffekts.

So können Sie beispielsweise dem Clip eine Bassverstärkung (Effekt *Bässe*) zuweisen.

Bassverstärkung

1 Klicken Sie dazu einfach auf den gewünschten Effekt und

2 ziehen Sie ihn auf den Audioclip.

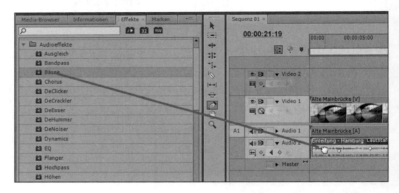

Abb. L7.37: Durch Drag & Drop bekommt ein Audioclip einen Effekt

Genau wie bei den Videoeffekten erhält der Clip als optischen Hinweis ein kleines, violettes Band am unteren Rand und es erscheint das Bedienfeld *Effekteinstellungen*.

Sollte es nicht erscheinen, dann

3 klicken Sie im Monitorfenster auf die Registerkarte *Effekteinstellungen* oder rufen alternativ die Menüreihenfolge *Fenster / Effekteinstellungen* auf.

4 Hier können Sie je nach Effekt unterschiedliche Einstellungen vornehmen.

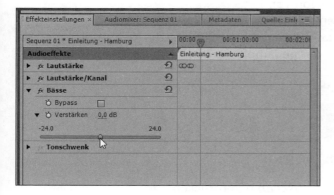

Abb. L7.38: Hier können Sie die *Effekteinstellungen* vornehmen

5 Durch Anklicken des kleinen Pfeils gelangen Sie zu weiteren Einstellungsmöglichkeiten und haben so – je nach Effekt – mehr oder minder Einfluss auf den Effekt.

6 Möchten Sie einen Filter entfernen, dann müssen Sie ihn lediglich markieren und drücken dann die Entf -Taste.

7 Und sicherlich wollen Sie die Veränderung auch gleich einmal anhören. In diesem Fall klicken Sie im Schnittfenster auf den Audioclip und aktivieren danach die Schaltfläche *Nur Audio für diesen Clip abspielen*.

Abb. L7.39: Die veränderte Audiospur des Clips anhören

Interessante Audioeffekte

Die genaue Vorstellung aller Audiofilter würde den Rahmen dieses Buchs sprengen. Unbedingt sollten Sie aber mal einen Blick auf folgende Effekte werfen:

Bässe und Höhen

- *Bässe* und *Höhen*
  Mit diesen Effekten nehmen Sie grundlegende Anpassungen am Ton vor.
  Mit dem Schieberegler *Verstärken* können Sie festlegen, wie stark die niedrigen Frequenzen des Audioclips verstärkt oder gedämpft werden.

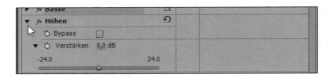

Abb. L7.40: Der Filter *Höhen*

Leitungsrauschen

- *Leitungsrauschen* unterdrücken
  Eines der nervigsten Geräusche ist das Leitungsrauschen, das von Stromleitungen herrührt und ein brummendes Geräusch erzeugt. Ursache dafür kann sein, dass Kabel oder Geräte nicht richtig abgeschirmt oder geerdet sind.
  Mit dem Effekt *Leitungsrauschen* können Sie dieses Brummen aus einem Audioclip entfernen. Da dieser Effekt zum Entfernen einer einzelnen Frequenz ausgelegt ist, können Sie damit alle unerwünschten Geräusche auf einer bestimmten Frequenz entfernen.

Abb. L7.41: Brummende Töne korrigiert man hiermit

Um das Leitungsrauschen zu unterdrücken, müssen Sie den Wert eingeben, der mit der Stromleitungsfrequenz des elektrischen Systems übereinstimmt, in dem der Clip aufgezeichnet wurde. In Deutschland und in den meisten europäischen Ländern beträgt die Wechselstromfrequenz 50 Hz.

- **EQ** — Equalizer

Wenn Sie an Ihrer Stereoanlage einen Equalizer haben, kennen Sie bestimmt die Möglichkeiten, die Tonqualität zu verfeinern. Premiere Pro bietet Ihnen mit diesem Effekt ebenfalls die Möglichkeit, bestimmte Frequenzbereiche anzuheben oder abzusenken.

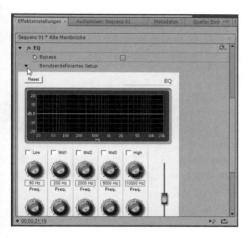

Abb. L7.42: Fast wie früher an der heimischen Stereoanlage

L8 Videos betiteln

Bestimmt haben Sie noch keinen großen Kinofilm gesehen, der Sie gleich ins Geschehen katapultierte, ohne dass Sie zuvor darauf hingewiesen wurden, wer den Film gemacht hat. Und sicherlich würde Ihnen etwas fehlen, wenn der Film keinen Abspann hätte, aus dem Sie entnehmen könnten, wer die atemberaubenden Szenen erstellt hat. In diesem Kapitel werden Sie erfahren, wie Sie Ihre Filme mit einem professionellen Titel und Abspann abrunden können.

Gerade der Beginn Ihres Videos und die Machart der Titelzeilen entscheiden maßgeblich über den Erfolg oder Misserfolg einer Aufführung. Sie können Ihre Zuschauer ruhig in das Geschehen führen oder aber auch mit einem Knalleffekt starten.

Filmvorspann

Meist findet man sie bei Kinofilmen: die Zahlen, die nach unten zählen und so den Beginn eines Films ankündigen. Mit Premiere können Sie einen solchen Filmvorspann leicht erstellen. Es handelt sich dabei keinesfalls um eine Spielerei, sondern man überprüft damit, ob die Audio- und Videospuren richtig funktionieren und synchronisiert sind.

1 Um einen solchen Vorspann zu erstellen, rufen Sie über die Menübefehlsfolge *Datei / Neu / Allgemeiner Filmvorspann* das Dialogfenster *Allgemeinen Filmvorspann einstellen* auf.

Allgemeiner Filmvorspann

2 Zunächst erscheint das Dialogfenster *Neuer allgemeiner Filmvorspann*, in dem Sie die *Videoeinstellungen* und *Audioeinstellungen* des Filmvorspanns einstellen können, sodass sie zu dem späteren Hauptfilm passen.

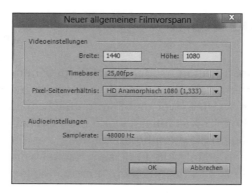

Abb. L8.1: Die allgemeinen Video- und Audioeinstellungen des Vorspanns

3 Mit *OK* gelangen Sie dann in das eigentliche Dialogfenster des Filmvorspanns.

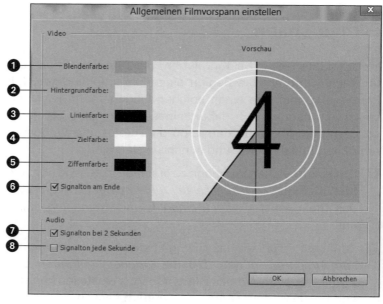

Abb. L8.2: Nahezu unverzichtbar: der Filmvorspann

4 In diesem Dialogfenster können Sie folgende Einstellungen vornehmen:

- *Blendenfarbe* **1**: Hier stellen Sie die Farbe für die runde, eine Sekunde dauernde Blende ein.

- *Hintergrundfarbe* **2**: Damit wird die Farbe für den Bereich hinter der Blendenfarbe eingestellt.

- *Linienfarbe* **3**: Definiert die Farbe für die horizontalen und vertikalen Linien.

- *Zielfarbe* **4**: Hier wählen Sie die Farbe für die zwei Kreise um die Ziffer aus.

- *Ziffernfarbe* **5**: Welche Farbe sollen die Countdown-Ziffern haben?

- Das Kontrollkästchen *Signalton am Ende des Vorspanns* **6** aktivieren Sie, wenn Sie eine kleine runde Bildmarke im letzten Frame des Vorspanns anzeigen möchten.

- Zusätzlich können Sie ein akustisches Signal einsetzen. Mithilfe des Kontrollkästchens *Signalton bei 2 Sekunden* **7** wird das Erreichen der Zwei-Sekunden-Marke angezeigt.

- Soll der Signalton bei jeder Sekunde des Vorspanns ausgegeben werden, aktivieren Sie die Option *Signalton jede Sekunde* **8**.

Ein so mit Premiere erzeugter Vorspann dauert 11 Sekunden. Diese Zeit sollten Sie unbedingt mit in Ihr Projekt einplanen, wenn der Vorspann vor dem eigentlichen Filmbeginn in das Schnittfenster eingefügt werden soll.

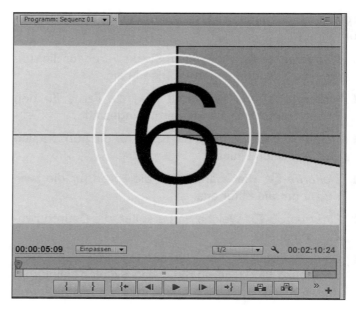

Abb. L8.3: Der Vorspann in Aktion

Bilder für Vorspann oder Titel

Premiere selbst ist nicht in der Lage, Korrekturen oder Retuschen an einem Videobild vorzunehmen. Wenn Sie im Besitz des Schwesterprogramms Photoshop sind, bietet sich aber ein Ausweg an. Da beide Programme aus demselben Haus kommen, liegt es nahe, dieses Bildbearbeitungsprogramm zum Bearbeiten von Videosequenzen zu verwenden.

Sollten Sie nicht im Besitz von Photoshop sein, können Sie die folgenden Arbeiten aber auch mit jedem anderen Bildbearbeitungsprogramm im Wesentlichen nachvollziehen. Auf der Adobe-Website unter *www.adobe.de* können Sie sich alternativ kostenlos eine zeitlich begrenzte Testversion von Photoshop herunterladen.

Haben Sie Photoshop bereits auf Ihrem Rechner installiert, kann es sofort losgehen. Andernfalls sollten Sie erst die Installation nachholen.

Videobilder aus Premiere exportieren

Möchten Sie ein einzelnes Bild eines Videoclips bearbeiten, muss das betreffende Bild zunächst aus Premiere exportiert und dann in Photoshop geladen werden.

1 Fahren Sie als Erstes im Monitorfenster zu dem Bild, welches Sie bearbeiten möchten. — **Premiere zu Photoshop**

Wenn Sie später das Bild wieder in das Video einsetzen bzw. die betreffende Stelle wiederfinden wollen, sollten Sie eine sogenannte *Marke*, man spricht auch von *Schnittmarke*, an diese Stelle setzen.

Eine Marke kennzeichnet bestimmte wichtige Zeitpunkte innerhalb eines Clips.

2 Klicken Sie mit der rechten Maustaste in das Monitorbild und wählen Sie aus dem Kontextmenü den Eintrag *Marke hinzufügen* (siehe Abbildung L8.4).

3 Rufen Sie danach den Menübefehl *Datei / Exportieren / Medien* auf. — **Frame exportieren**

Es erscheint das Dialogfenster *Exporteinstellungen*. Wie Sie sehen, speichert Premiere Pro standardmäßig die Medien im Microsoft-AVI-Format ab.

4 Wählen Sie aus der Liste *Format* den Eintrag *JPEG* (siehe Abbildung L8.5).

Ihnen stehen an dieser Stelle die bekanntesten Formate wie *TIFF*, *BMP*, *PNG* und *GIF* zur Auswahl. Speicherplatz können Sie durch die Auswahl des Formats allerdings nicht sparen, da bei PAL-Auflösung das Bild stets rund 1,2 MB belegt.

Abb. L8.4: Setzen Sie eine Schnittfenstermarke

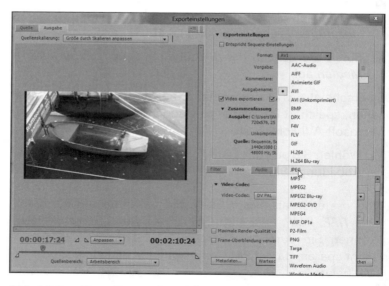

Abb. L8.5: Einen Frame abspeichern

5 Wünschen Sie ein anderes Format, klicken Sie auf den Listenpfeil *Vorgabe* und wählen das gewünschte aus.

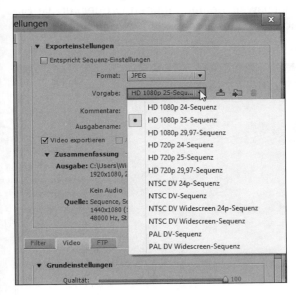

Abb. L8.6: Die Optionen für das Ausgabeformat

Als Nächstes sollten Sie die betreffende Stelle eingrenzen. Premiere „zerlegt" Ihnen sonst den gesamten Clip in einzelne Bilder, was sehr lange dauern kann.

6 Ziehen Sie die Zeiger für *In-* und *Out-Point* in die Nähe des Aktuellbildanzeigers.

Abb. L8.7: Den Umfang der Sequenz beschränken

7 Anschließend klicken Sie dann auf den Link *Ausgabename*.

Daraufhin erhalten Sie das Dialogfenster *Einstellungen für Frameexport*. Hier können Sie die erforderlichen Eingaben tätigen und beispielsweise einen eigenen Ordner für die Bilder erstellen und einen entsprechenden Namen für die Bilder vergeben.

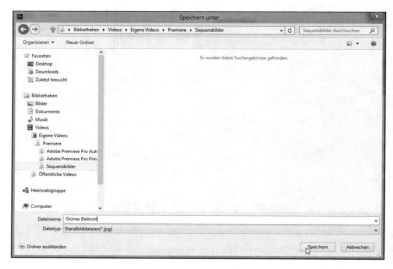

Abb. L8.8:   Auswahl des Speicherorts

8 Sobald Sie einen aussagekräftigen *Dateinamen* vergeben haben, klicken Sie auf *Speichern*.

9 Schließen Sie das Dialogfenster *Exporteinstellungen* mit einem Klick auf *Exportieren*.

Die Sequenz wird nun kodiert und der Fortschritt wird Ihnen in einem kleinen Fenster angezeigt.

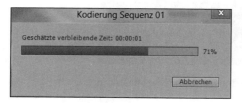

Abb. L8.9:   Der Export läuft

10 Zum Schluss dieser Aktion beenden Sie nun Premiere bzw. legen es auf der Taskleiste ab.

Bilder in Photoshop bearbeiten

1 Da es jetzt in Adobe Photoshop weitergeht, sollten Sie dieses Programm nun starten.

Bearbeitungen in Photoshop

2 Nachdem Sie das getan haben, rufen Sie über *Datei / Öffnen* das erforderliche Dialogfenster auf, stellen dann den Speicherort ein, wählen die abgespeicherte Datei(en) aus und bestätigen mit *Öffnen*.

Photoshop öffnet daraufhin das bzw. die exportierten Premiere-Pro-Bilder und Sie können mit der Bildbearbeitung beginnen.

Abb. L8.10: Das Premiere-Bild kann jetzt in Photoshop bearbeitet werden

Sobald Sie Ihre Arbeiten in Photoshop abgeschlossen haben, sollten Sie das korrigierte Bild entweder im Originalformat oder im Photoshop-Format abspeichern.

Möchten Sie mehr über das Arbeiten mit Photoshop lernen, sei Ihnen hier das Einsteigerseminar Adobe Photoshop CS6, ISBN 978-3-8266-7620-8, empfohlen.

Nun muss das Bild den umgekehrten Weg nehmen und von Photoshop zu Premiere gebracht werden.

Bilder in Premiere importieren

Photoshop zu Premiere

1 Starten Sie Premiere neu, sofern Sie es nicht auf der Taskleiste abgelegt hatten. In diesem Fall müssen Sie es nur aktivieren.

2 Rufen Sie den Menüpunkt *Datei / Importieren* auf, um über das Dialogfenster *Importieren* an die Datei mit dem Bild zu gelangen.

3 Markieren Sie diese und nach einem weiteren Klick auf *Öffnen* befindet sich das Bild im Projektfenster.

Abb. L8.11: Das importierte Bild im Projektfenster

4 Nun können Sie es einfach in die gewünschte Spur ziehen.

Haben Sie zuvor die Funktion *Ausrichten* des Schnittfensters aktiviert, rastet das einzufügende Bild genau an der Schnittmarke ein, wenn Sie es mit dem Cursor in seine Nähe bringen.

 Das Auffinden einer Schnittmarke in einem längeren Clip geht am schnellsten über das Kontextmenü *Gehe zur Clipmarke*. Klicken Sie dazu mit der rechten Maustaste im Monitorfenster auf den Clip und rufen Sie das Menü auf.

Titeldesign(er)

Lehnen Sie sich einmal kurz zurück und versuchen Sie, sich an Ihren letzten Film im Kino oder TV zu erinnern. Können Sie sich noch an den Vorspann erinnern? Sicherlich wird das davon abhängen, ob es sich um einen eher schlichten gehandelt hat oder ob die Macher des Films zeigen wollten, was sie draufhaben.

So sollten Sie es für Ihre Filme ebenfalls halten. Je nach Inhalt sollte ein Vorspann einfach und bescheiden oder aufwendig und einprägsam sein. Premiere bietet Ihnen dafür das nötige Handwerkszeug.

Vorarbeiten

Ein Titel in Premiere ist im Prinzip eine eigenständige Datei, die Sie allerdings direkt in Premiere Pro erstellen können. Genau wie jeder andere Clip auch wird er erst dann Teil Ihres Films, wenn Sie ihn in das Schnittfenster einfügen.   **Titel**

Diese Arbeitsweise hat den Vorteil, dass Sie beispielsweise eine aufwendige Einleitungssequenz (es müssen ja nicht gleich die berühmten Sterne von Paramount sein) erstellen und sie dann immer wieder in Ihren Projekten verwenden können.

Deshalb ist es sinnvoll, für den Vor- und Abspann Ihres Films einen eigenen Ablageordner im Projektfenster anzulegen.

1 Klicken Sie dazu auf das Symbol *Neue Ablage* im unteren Bereich des Bedienfeldes *Projekt*.

Abb. L8.12: Ein eigener Ablageordner

2 Geben Sie beispielsweise den Namen Titel ein.

> Sie können einen Titel auch in einer Grafikanwendung oder einem Animationsprogramm erstellen, ihn dann in einem Grafikformat abspeichern und ihn anschließend in diesen Ablageordner importieren.

3 Ziehen Sie den vorhandenen *Allgemeinen Filmvorspann* mit gedrückter Maustaste in diesen Ordner.

Abb. L8.13: Den bereits vorhandenen Filmvorspann einsortieren

Titeldesigner

Premiere Pro verfügt über einen recht umfangreichen Titelgenerator, mit dessen Hilfe Sie eindrucksvolle Titel erstellen können.

Titelgenerator

1 Aufgerufen wird dieses Zusatztool über den Menüeintrag *Datei / Neu / Titel* oder rascher mit [Strg] + [T].

2 Sie erhalten das Dialogfenster *Neuer Titel*.

Dieses ist ähnlich wie das Dialogfenster *Neuer allgemeiner Filmvorspann* aufgebaut, sodass Sie erst einmal die Anpassungen für das Video vornehmen können (siehe Abbildung L8.14).

3 Zusätzlich geben Sie in das Feld *Name* eine entsprechende Bezeichnung ein.

4 Bestätigen Sie mit *OK*.

5 Daraufhin öffnet sich das Bedienfeld *Titel* und Sie können loslegen (siehe Abbildung L8.15).

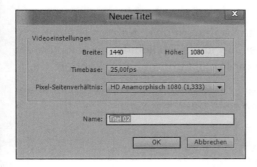

Abb. L8.14: Das Dialogfenster *Neuer Titel* – geben Sie einen Namen ein

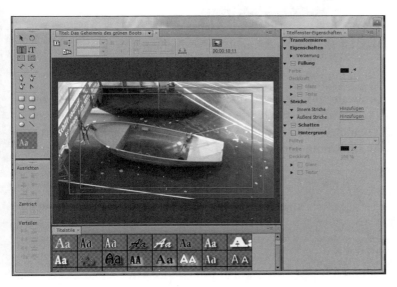

Abb. L8.15: Der Titelgenerator in voller Pracht

Ein Titel auf die Schnelle

Mithilfe dieses Bedienfeldes können Sie entweder einen völlig neuen Titel eigenhändig erstellen oder einfach eine der enthaltenen Vorlagen verwenden.

Titelvorlagen Die fertigen Vorlagen enthalten in einem eigenen Fenster zahlreiche verschiedene Konfigurationen für den Titelbereich, die Ihnen bei der Erstellung eines Titels hilfreich sein können oder die Sie gleich für Ihr Projekt übernehmen können.

1 Um diese betrachten zu können, klicken Sie zunächst auf die Schaltfläche *Vorlagen* oder drücken [Strg] + [J].

Abb. L8.16: Das Bedienfeld *Vorlagen* öffnen

Sie gelangen in das Bedienfeld *Vorlagen*.

2 Befinden sich in dieser Liste der *Titelgestalter-Voreinstellungen* noch keine Vorlagen, können Sie diese zunächst über den entsprechenden Hyperlink herunterladen und installieren.

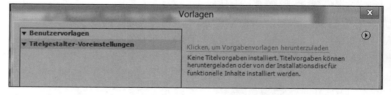

Abb. L8.17: Die Titelvorlagen von Premiere

3 Anschließend wählen Sie eine Vorlage aus, indem Sie auf das Dreieck neben einem Kategorienamen klicken, um ihn zu erweitern.

Auf diese Art und Weise gelangen Sie immer tiefer in die Struktur. Wenn Sie eine Vorlage anklicken, erhalten Sie auf der rechten Seite eine Vorschau, die Ihnen bei der Auswahl hilft.

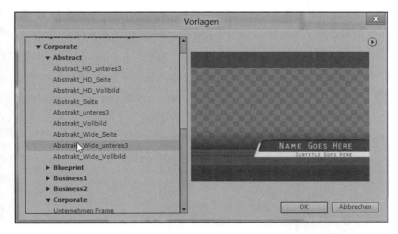

Abb. L8.18: Eine Vorlage auswählen

4 Haben Sie Ihre Vorlage gefunden, klicken Sie auf die Schaltfläche *OK*.

Die Vorlage wird in das Titeldesigner-Fenster übernommen und Sie können mit den Anpassungsarbeiten beginnen.

Abb. L8.19: Jetzt muss die Vorlage nur noch angepasst werden

5 Wählen Sie das *Textwerkzeug* auf der linken Seite aus und markieren Sie den Text, den Sie ändern möchten.

Im Beispielfall ist das die englische Bezeichnung *Name Goes Here*.

6 Geben Sie über die Tastatur den von Ihnen gewünschten Titel ein.

Abb. L8.20: Und schon ist der Titel angepasst

Gefällt Ihnen der Text bzw. die Schrift und deren Gestaltung nicht, können Sie diese ebenfalls Ihren Wünschen gemäß ändern.

Gleiches gilt für den Untertitel (*Subtitle Goes Here*).

Markieren Sie ihn und überschreiben Sie ihn mit dem gewünschten Text.

Abb. L8.21: Den Untertitel anpassen

Wenn Sie keinen Untertitel wünschen, wählen Sie das *Auswahlwerkzeug*, markieren ihn und drücken dann die Taste [Entf].

Betrachten Sie danach einmal den Bereich auf der rechten Seite des Bedienfeldes *Titelfenster-Eigenschaften*. Hier finden Sie zahlreiche Einstellungsmöglichkeiten, deren Vorstellung den Umfang dieses Buchs völlig sprengen würde. Teile davon werden Sie allerdings beim Erstellen eines handgemachten Titels kennenlernen.

7 Beenden Sie die Arbeiten an diesem Titel durch Anklicken des *Schließen*-Feldes.

Im Bedienfeld *Projekt* finden Sie den eben erstellten Titel wieder.

Abb. L8.22: Der neu angelegte Titel

Möchten Sie ihn zu einem späteren Zeitpunkt anpassen oder verändern, so genügt ein Doppelklick auf die Bezeichnung, um das Bedienfeld *Titel* wieder aufzurufen.

Ein Titel handgemacht

Nicht immer werden Sie in den zahlreichen Vorlagen fündig werden. In diesem Fall erstellen Sie einfach einen völlig neuen Titel.

Ränder für geschützte Titel und geschützte Aktionen

Achten Sie bei den folgenden Arbeiten auf die Ränder für geschützte Titel und geschützte Aktionen. Diese zeigen die sichtbaren, geschützten Bereiche eines Titels an. Diese Bereiche sind beim Bearbeiten von Fernseh- und Videofilmmaterial hilfreich, denn bei den meisten Fernsehgeräten wird das sogenannte *Overscan*-Verfahren angewendet. Hierbei werden die äußeren Ränder eines Bildes abgeschnitten, wodurch die Mitte des Bildes vergrößert wird.

Abb. L8.23: Die zwei Randbereiche von Premiere

Wenn Sie Filme nur für das Internet oder für eine Disc erstellen, können Sie die Ränder vernachlässigen, da bei diesen Medien stets das gesamte Bild angezeigt wird.

Bei dem äußeren Rand ❶ handelt es sich um einen *Rand für geschützte Aktionen*, bei dem inneren Rand ❷ dagegen um den *Rand für geschützte Titel*.

Eingabe von Text

Wie Sie gleich sehen werden, stehen Ihnen eine Reihe von Attributen für die Erstellung von Titeln mit Text und Grafiken zur Verfügung. Dabei können Sie jede auf Ihrem System vorhandene Vektorschrift verwenden, einschließlich Typ-1-, OpenType- und TrueType-Schriftarten. Beim Installieren wurden Ihrem System zudem einige hochwertige Adobe-Schriften hinzugefügt.

Für die Texterstellung sind verschiedene Werkzeuge enthalten, mit denen Sie beispielsweise Text, der horizontal, vertikal oder an einem Pfad ausgerichtet ist, erstellen können.

Zunächst soll aber einmal einfacher Text eingegeben werden. Das dazu benötigte Werkzeug *Text* finden Sie in der Werkzeugleiste am linken Rand. Für horizontalen Text verwenden Sie das *Werkzeug für horizontalen Text*, für vertikalen Text das *Werkzeug für vertikalen Text*.

Eigene Titel

1 Klicken Sie auf das *Textwerkzeug*, um es auszuwählen.

2 Zeigen Sie mit dem veränderten Cursor irgendwo in den Textbereich und klicken Sie einmal.

Achten Sie allerdings darauf, dass Sie sich innerhalb des gestrichelten Rahmens befinden, wenn Sie den Titel später auf einem Fernseher präsentieren möchten. Denn dieser Bereich ist in jedem Fall auf einem Fernseher sichtbar, der noch nicht über eine rechteckige Bildröhre verfügt.

In dem Fenster blinkt jetzt der Cursor an der Stelle, an der Sie den Text eingeben können.

3 Tippen Sie diesen nun über die Tastatur ein.

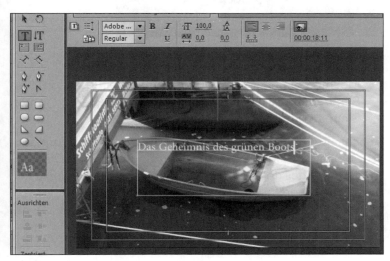

Abb. L8.24: Geben Sie den gewünschten Text ein

Textgestaltung

Gefällt Ihnen die vorgegebene Schrift nicht, dann

Schrift auswählen

1 markieren Sie zunächst die betreffende Textpassage,

2 klicken dann auf das Listenfeld mit den Schriften und

3 wählen eine andere aus.

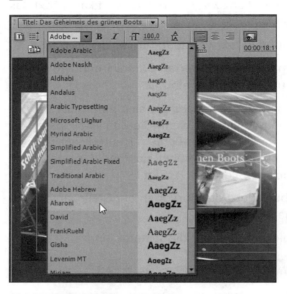

Abb. L8.25: Schriften ohne Ende

4 Möchten Sie einen Zeilenumbruch herbeiführen, drücken Sie an der gewünschten Stelle die ⏎-Taste und fahren Sie mit dem Schreiben fort.

Anschließend können Sie diese Passage ebenfalls formatieren. Möchten Sie einzelne Wörter z. B. größer gestalten, klicken Sie wieder doppelt mit der Maus in den Text. Wenn sich der Cursor im Text befindet, können Sie das betreffende Wort einzeln markieren und die abweichende Eigenschaft zuweisen.

Den Schriftgrad stellen Sie über das *Hot-Text-Steuerelement Größe* ein. Dabei handelt es sich um unterstrichene, interaktive Werte, die leicht angepasst werden können, ohne dass dazu Eingaben in ein Dialogfeld gemacht werden müssen.

Diese Steuerelemente arbeiten wie folgt:

1. Zeigen Sie mit dem Cursor auf einen unterstrichenen Wert.

2. Wenn der Cursor dann die Form einer Hand mit Pfeilen auf beiden Seiten annimmt, ziehen Sie ihn nach rechts oder nach oben, um den Wert zu erhöhen, oder nach links bzw. nach unten, um den Wert zu verringern.

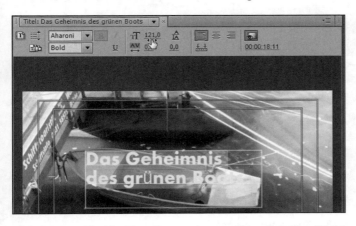

Abb. L8.26: Ein Hot-Text-Steuerelement (hier Schriftgröße) in Aktion

Wenn Sie dabei die [Leer]-Taste gedrückt halten, wird der Wert in 10er-Schritten erhöht bzw. verringert.

Selbstverständlich können Sie auch – wie gewohnt – auf einen unterstrichenen Wert klicken und dann den neuen Wert eingeben.

Abb. L8.27: Direkte Eingabe in ein Hot-Text-Steuerelement

Text ausrichten

Selbstverständlich können Sie auch die Ausrichtung des Textes bestimmen.

1. Klicken Sie in den Text ❶. Im Beispiel in die zweite Zeile.
2. Setzen Sie einen weiteren Klick auf die Schaltfläche *Mitte* ❷.

Abb. L8.28: Ausrichtung einstellen

Textobjekt verschieben

Um das Textobjekt innerhalb des Titels zu platzieren, verwenden Sie entweder das *Auswahlwerkzeug* oder Sie verschieben es mithilfe der Cursortasten. Wenn Sie bei Letzterem die ⇧-Taste drücken, können Sie größere Schritte zurücklegen (siehe Abbildung L8.29).

Recht rasch können Sie einen Titel formatieren, wenn Sie ihm einen Stil zuweisen.

Abb. L8.29: Ein Textobjekt verschieben

1 Dazu müssen Sie lediglich das Titelobjekt mit dem *Auswahlwerkzeug* markieren und

Stil zuweisen

2 dann im Bedienfeld *Titelstile* auf einen der fertigen Stile ❶ klicken.

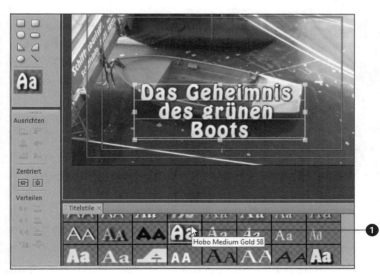

Abb. L8.30: Einen Titel mithilfe eines Stils formatieren

Texteffekte

Im Folgenden sollen Sie noch zwei Effekte kennenlernen, mit denen Sie den eben eingegebenen Text weiter verfeinern können. Allerdings werden diese nicht unbedingt immer passen und Sie sollten sich auch hier davor hüten, zu viele Effekte einzusetzen.

Schlagschatten Recht beliebt ist die Möglichkeit, einen *Schlagschatten* für einen Text zu erstellen. Alle dazu erforderlichen Einstellungsmöglichkeiten finden Sie auf der rechten Seite im Bedienfeld *Titelfenster-Eigenschaften* unter der Rubrik *Schatten*.

1 Um eine Schattenfarbe einzustellen, klicken Sie auf das Farbfeld *Farbe* ❶ und wählen aus dem Farbwähler eine geeignete Farbe.

2 Über *Winkel* ❷ legen Sie den Einfallswinkel der vorderen Lichtquelle fest.

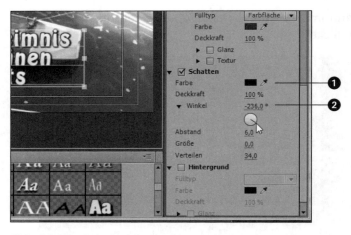

Abb. L8.31: Schattenabstand bestimmen

3 Die Position des Schattens verändern Sie über den Regler *Abstand*.

Farbverlauf Sie können dem Text aber auch durch einen Farbverlauf einen besonderen Pfiff geben.

1 Wechseln Sie zum *Auswahlwerkzeug* ❶ und klicken Sie auf den Text, sodass die Anfasspunkte erscheinen.

2 Aktivieren Sie dann das Kontrollkästchen *Füllung* ❷, um an die entsprechenden Einstellungsoptionen heranzukommen.

3 Bestimmen Sie zunächst den *Fülltyp* ❸, indem Sie ihn aus der Liste auswählen.

Abb. L8.32: Fülltyp bestimmen

4 Wählen Sie beispielsweise *4-farbiger Verlauf*.

Jetzt können Sie die Farben einstellen, die ineinander verlaufen sollen.

5 Wählen Sie unterhalb des Farbbalkens *Farbe* eines der Quadrate ❶ durch Doppelklick aus.

In dem daraufhin angezeigten Farbmischer wählen Sie die Farbe aus.

6 Verfahren Sie dann gegebenenfalls mit dem zweiten Quadrat ebenso.

Mit dem linken Farbfeld bestimmen Sie den Anfang des Farbverlaufs und mit dem rechten das Ende.

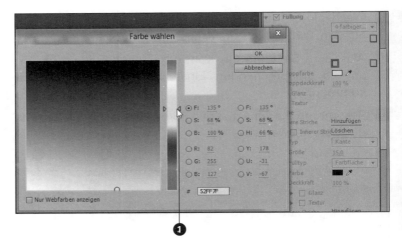

Abb. L8.33: Stellen Sie die Farbe für den Farbverlauf ein

7 Möchten Sie die Deckkraft verändern, klicken Sie auf den Eintrag *100%* und nehmen die gewünschte Einstellung durch Ziehen des Feldes *Deckkraft* vor.

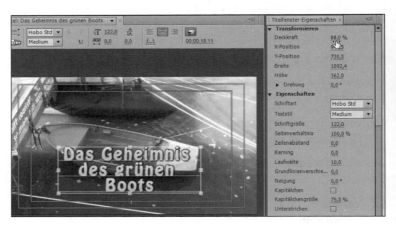

Abb. L8.34: Die Deckkraft einstellen

8 Beenden Sie die Arbeiten mit einem Klick auf das *Schließen*-Feld.

Einbinden des Titels in den Film

Es gibt verschiedene Möglichkeiten, einen Titel in ein Video einzubinden. Die drei gängigsten werden Ihnen im weiteren Verlauf vorgestellt.

Einbinden als starrer Titel

Die einfachste Variante ist folgende:

1 Schaffen Sie am Anfang Ihres Clips Platz.

2 Ziehen Sie den Clip einfach in eine der Videospuren.

Starrer Titel

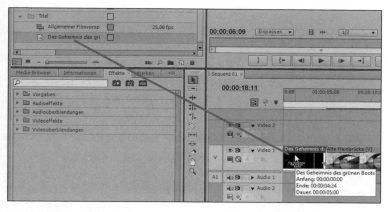

Abb. L8.35: Die einfachste Art, einen Titel einzufügen

Hier haben Sie dann wie gewohnt die Möglichkeit, den Titel zu strecken oder zu trimmen, beispielsweise um einen einleitenden Audiokommentar zu sprechen oder eine Startmusik einzubinden.

Diese Variante ist zugegebenermaßen nicht sehr aufregend und wirkt auch nicht sehr professionell. Schöner wäre es sicherlich, wenn im Hintergrund schon das bewegte Bild zu sehen wäre.

Titel in den Videoclip einblenden

Möchten Sie, wie eben vorgeschlagen, den Titel in ein laufendes Video einblenden lassen, werden Sie sich jetzt sicherlich fragen, wie Sie den Hintergrund des Titels transparent bekommen, wo er doch farbig ist. Was sich zunächst schwierig anhört, lässt sich in Premiere einfach bewerkstelligen.

Titel einblenden

1 Ziehen Sie zunächst wie gewohnt den ersten Videoclip auf die Spur *Video 1* bzw. belassen Sie ihn dort.

2 Ziehen Sie dann den Titel in die Spur *Video 2*, also in die sogenannte Überlagerungsspur.

Abb. L8.36: Einen Titel ins Video einblenden

Wenn Titel und Video gemeinsam beginnen sollen, ziehen Sie den Titel ganz an den linken Rand heran.

Zwischentitel

Ein Einsatzgebiet von Titeln ist das Überleiten von einer Szene in eine andere. Wie Sie im Folgenden sehen werden, kann man den eingebauten Titeldesigner recht prima für die Einblendung eines solchen Schriftzugs verwenden.

1 Bewegen Sie den Film zunächst an die Stelle, an der der Zwischentitel erscheinen soll.

2 Rufen Sie dann über *Datei / Neu / Titel* das Bedienfeld *Titel* auf. Schneller geht das übrigens mit [Strg] + [T]

Zwischentitel

3 Vergeben Sie einen aussagekräftigen Namen und bestätigen Sie mit *OK*.

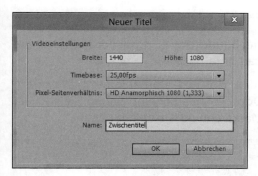

Abb. L8.37: Einen Zwischentitel erstellen

Sie wechseln dann in das eigentliche Gestaltungsfenster.

4 Hier klicken Sie auf das hinterlegte Werkzeug *Rechteck mit abgerundeten Ecken (Werkzeug)* in der Werkzeugleiste und ziehen mit gedrückter Maustaste an der Stelle, an welcher der Text erscheinen soll, ein Rechteck auf.

Da der Zwischentitel eine Zeit lang sichtbar sein wird, sollten Sie den Text mit einer fast transparenten Farbe hinterlegen.

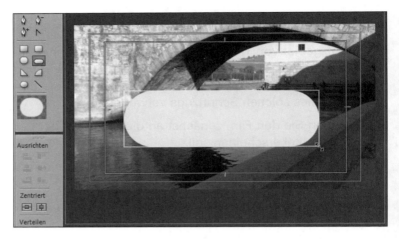

Abb. L8.38: Anlegen des Hintergrunds

Gegenwärtig wirkt die Bande etwas dominierend. Deshalb sollten Sie die Deckkraft herabsetzen.

5 Zeigen Sie auf das Hot-Text-Steuerelement *Deckkraft*. Wenn der kleine Doppelpfeil erscheint, ziehen Sie so weit, bis der Wert die Marke von *60%* erreicht hat.

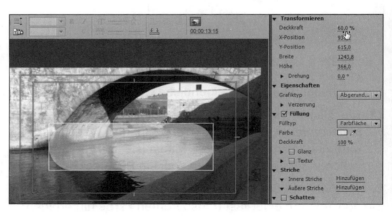

Abb. L8.39: Herabsetzen der Deckkraft des Balkens

Nun kann es an die Gestaltung des Textes gehen.

6 Klicken Sie zuerst auf das *Textwerkzeug* ❶ und dann auf den eben eingefügten Balken.

7 Geben Sie über die Tastatur den Text ❷ ein.

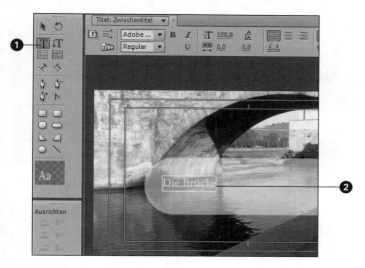

Abb. L8.40: Den Text eingeben

Keine Sorge, wenn der Text im Moment nicht so aussieht und sich nicht dort befindet, wie und wo Sie das gerne hätten. Er kann jederzeit verändert werden.

Der Text hat gegenwärtig noch die Farbe des Rechtecks.

8 Wie mittlerweile gewohnt, können Sie diese auf der rechten Seite des Fensters verändern. Schriftart und -größe passen Sie anschließend ebenfalls noch Ihren Vorstellungen an (siehe Abbildung L8.41).

Vielleicht möchten Sie jetzt noch die Textzeile ausrichten.

9 Klicken Sie dazu auf einen der Anfasser.

10 Nachdem der Mauszeiger die Form eines kleinen Pfeils angenommen hat, können Sie das Textobjekt nach Belieben ausrichten und anpassen (siehe Abbildung L8.42).

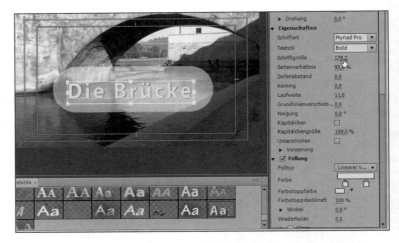

Abb. L8.41: Schriftart und -grad des Zwischentitels anpassen

Abb. L8.42: Den Text bewegen

Über die Menübefehlsfolge *Titel / Position / Horizontal zentrieren* könnten Sie den Titel mittig ausrichten.

Um den Zwischentitel in den Film einzufügen, müssen Sie ihn dann nur noch wie üblich aus dem Projektfenster in die Überlagerungsspur an die richtige Stelle ziehen.

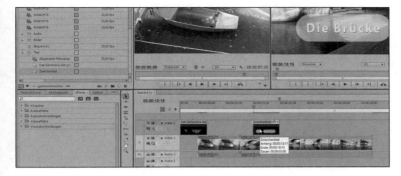

Abb. L8.43: Der platzierte Zwischentitel

Abspann

Nachdem der Film mit einem ordentlichen Titel versorgt ist, müssen wir uns noch um einen guten *Abspann* kümmern. Auch hier dient das große Vorbild, das Kino, als Ideenspender. Leider werden seit einigen Jahren die Abspanne im Fernsehen meist weggeschnitten oder mit Werbung „gewürzt", sodass Sie oftmals interessante und wichtige Informationen zum Film nicht erhalten. Sie werden allerdings das eine oder andere Mal die beteiligten Personen an dem Werk nennen oder die näheren Umstände, wie z. B. den Zeitpunkt, dokumentieren wollen.

Sicherlich haben Sie schon einmal im Fernsehen gesehen, wie der Titel einer Sendung ins Bild „schwebte" und/oder verschwand. Mit Premiere können Sie rollende und kriechende Titel gestalten. Titel, die sich vertikal über das Bild bewegen, werden *rollende Titel,* Titel, die sich horizontal über das Bild bewegen, dagegen *kriechende Titel* genannt.

1 Öffnen Sie zunächst über die Menüfolge *Datei / Neu / Titel* das Bedienfeld *Titel* und vergeben Sie den Namen Abspann. **Animierter Titel**

2 Im Hauptfenster klicken Sie zunächst auf die Schaltfläche *Rollen/Kriechen-Optionen*.

Abb. L8.44: Hier gelangen Sie an die *Rollen/Kriechen-Optionen*

Sie erhalten das gleichnamige Dialogfenster.

3 Im oberen Bereich wählen Sie den *Titeltyp* aus.

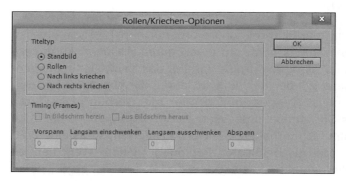

Abb. L8.45: Die einzelnen Optionen

Die Unterschiede zwischen den beiden unteren Möglichkeiten bestehen darin, dass beim Rollen der Text das Bild von unten nach oben und beim Kriechen von rechts nach links durchläuft.

Des Weiteren können Sie im Bereich *Timing (Frames)* folgende Einstellungen vornehmen:

- *In Bildschirm herein:* Dadurch bestimmen Sie, dass sich der Text vom nicht sichtbaren Bereich in den sichtbaren Bereich bewegt.

- *Aus Bildschirm heraus:* Legt fest, dass der Bildlauf fortgesetzt wird, bis die Objekte nicht mehr sichtbar sind.

- *Vorspann:* Hiermit bestimmen Sie die Anzahl Frames, die abgespielt werden, bevor der Textlauf beginnt.

- *Langsam einschwenken*: Damit setzen Sie die Anzahl der Frames, während derer sich der Titel mit langsam steigender Geschwindigkeit bewegt, bis er die Wiedergabegeschwindigkeit erreicht hat.

- *Langsam ausschwenken:* Hier bewegt sich der Titel mit langsam abnehmender Geschwindigkeit, bis der Textlauf beendet ist.

- *Abspann:* Geben Sie hier die Anzahl der Frames an, die nach dem Textlauf abgespielt werden.

4 Aktivieren Sie in diesem Dialogfenster die gewünschten Optionen oder geben Sie die entsprechenden Werte ein, die den Zeitablauf des Abspanns festlegen.

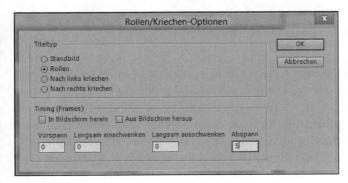

Abb. L8.46: Hier nehmen Sie die Einstellungen vor

5 Aktivieren Sie je nachdem, welchen Effekt Sie erzielen wollen, das Kontrollkästchen *In Bildschirm herein* bzw. *Aus Bildschirm heraus*.

6 Bestätigen Sie mit *OK*.

7 Nun müssen Sie den gewünschten Text eingeben und nach Ihren Vorstellungen formatieren.

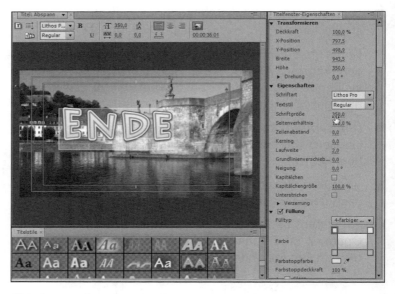

Abb. L8.47: Gestalten Sie den Abspann

Damit der Text rollen oder kriechen kann, müssen Sie mehr Text eingeben, als im sichtbaren Bereich des Textfeldes angezeigt wird. Wenn Sie nicht genügend Text haben, füllen Sie das Feld über den Anzeigebereich hinaus mit Leerzeichen aus. Sie können ihn aber auch außerhalb des sichtbaren Bereichs platzieren und dann durch das Bild wandern lassen.

8 Sobald Sie fertig sind, schließen Sie das Fenster.

9 Um eine Vorschau des rollenden oder kriechenden Titels anzuzeigen, positionieren Sie den fertigen Titel im Schnittfenster und starten eine Vorschau.

Abb. L8.48: Ein „kriechender" Titel

L9 Videoclips abspielfertig machen

In diesem Kapitel geht es darum, wie aus einem Premiere-Pro-Projekt ein fertiger Film wird. Prinzipiell besteht dabei die Möglichkeit, den fertigen Film als digitale Datei abzulegen, auf ein Videoband zu überspielen oder auf DVD oder CD-ROM zu brennen.

Adobe Premiere Pro unterstützt insbesondere folgende wichtige Dateitypen für den Export:

- *Videoformate:* Microsoft AVI und DV AVI, GIF-Animation, Flash Video, RealMedia, QuickTime und Windows Media
- *Nur-Audio-Formate:* Microsoft AVI und DV AVI, RealMedia, QuickTime und Windows Audio Waveform (WAV)
- *Standbildformate:* Flc/Fli, Targa, TIFF und Windows Bitmap

Ausgabe als Datei

Die in Premiere Pro erstellten Projekte liegen zwar in digitaler Form vor, können aber nur in Premiere Pro ohne Weiteres in Verbindung mit der zugehörigen Hardware abgespielt werden. Für die Weitergabe eignen sich diese Dateien nicht.

Damit man die Videos auf anderen Rechnern einsetzen kann, müssen sie in einem anderen Format gespeichert werden. Das bedeutet, dass der im Schnittfenster erstellte Videoclip zunächst exportiert werden muss, damit er als eigenständige Videodatei zur Verfügung steht und Sie diese auf andere Datenträger und Plattformen übertragen können.

Premiere Pro stellt Ihnen zu diesem Zweck zahlreiche Formate zur Verfügung, die anschließend von anderen Anwendungen gelesen werden können.

Einstellungen für den Export

Beim Exportieren eines Projektclips richtet sich zunächst die Auswahl der Einstellungen für den Export nach der gewünschten Ausgabeart. So sollten Sie sich grundsätzlich entscheiden, ob die Filme

- von CD-ROM, DVD bzw. Blu-ray Disc oder
- im Internet
- wiedergegeben werden.

Manche Videoaufnahmekartenhersteller legen der Karte eigene Software bei, die den Export steuert. Informationen dazu finden Sie in den jeweiligen Handbüchern zu der Karte.

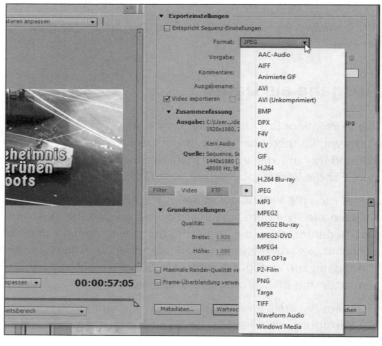

Abb. L9.1: Alle Exportoptionen auf einen Blick

1 Alle Exportoptionen finden Sie Dialogfenster *Exporteinstellungen*, welches Sie durch Aufruf der Befehlsfolge *Datei / Exportieren / Medien* erhalten.

Exportieren

Rasch holen Sie mit [Strg] + [M] das Dialogfenster auf den Schirm.

2 Klicken Sie hier auf das Listenfeld *Format*, um alle hardwareunabhängigen Formate einzusehen, die Premiere erstellen kann.

Filmexport für den Einsatz auf einer CD-ROM/DVD oder Blu-ray Disc

Zunächst soll ein Premiere-Projekt in eine Datei exportiert werden.

1 Nachdem Sie zunächst das Dialogfenster *Exporteinstellungen* aufgerufen haben, müssen Sie sich im Listenfeld *Format* für das gewünschte entscheiden.

Film in Datei exportieren

Die wichtigsten Formate finden Sie weiter hinten in diesem Kapitel vorgestellt.

2 Anschließend müssen Sie die dazugehörige *Vorgabe* näher definieren.

Die Vorgaben werden Ihnen im Zusammenhang mit den Formaten vorgestellt.

3 Falls Sie mögen, können Sie nun noch *Kommentare* zu der Exporteinstellung vergeben.

4 Danach sollten Sie den *Ausgabenamen* nebst Speicherpfad kontrollieren und gegebenenfalls anpassen.

Achten Sie in diesem Dialogfenster auf die angezeigte Dateinamenerweiterung, da hier stets der zuletzt verwendete Dateityp verwendet wird.

Abb. L9.2:   Ausgangspunkt der Speicheraktion

5 K*licken* Sie auf den Hyperlink der Pfadangabe, um die Art der Ausgabe näher zu bestimmen.

In dem darauffolgenden Dialogfenster finden Sie das Listenfeld *Dateityp*, mit dem Sie zunächst das weitere Vorgehen bestimmen.

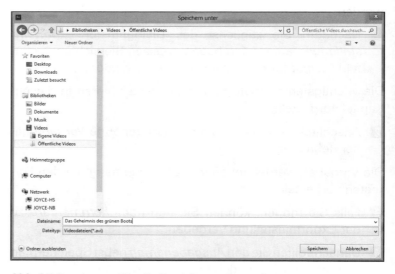

Abb. L9.3:   Legen Sie die Speicheroptionen fest

6 Ändern Sie gegebenenfalls den Dateinamen und beenden Sie die Aktion mit *Speichern*.

Nun heißt es warten, denn die Datei wird kodiert.

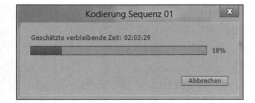

Abb. L9.4: Die Kodierung läuft

Je nach Umfang kann dieser Vorgang einige Minuten bis Stunden dauern. Da hierzu fast die gesamte Rechnerleistung benötigt wird, starten Sie diese Phase bei größeren Projekten deshalb besser zu einem Zeitpunkt, an dem Sie den Rechner länger nicht benötigen.

Das Ergebnis finden Sie dann in dem von Ihnen gewählten Speicherort.

Die wichtigsten Exportformate

Beim Erstellen von abspielbaren Videodateien müssen Sie bei der Wahl der Exporteinstellungen die Hardwareausstattung der potenziellen Anwender berücksichtigen. Das bedeutet, dass Sie beim Speichern auf die Ausgabeparameter achten müssen.

Microsoft AVI

Wenn Sie vornehmlich ein Video für ein Windows-System produzieren möchten, dann wird das Microsoft-AVI-Format Ihre erste Wahl sein. Die Abkürzung steht für *Audio Video Interleave* und bedeutet so viel wie paralleles Audio und Video. Es handelt sich hierbei um kombinierte Audio- und Videodateien, die sich mit der Medienwiedergabe unter Windows abspielen lassen.

Microsoft AVI

Von Bedeutung sind hier die Formate:

- *Microsoft AVI:* Bei diesem Format werden die Informationen nach Ihren Angaben kodiert abgespeichert.

- *Unkomprimiert Microsoft AVI:* Dieses Format wird unkodiert abgelegt und eignet sich insbesondere, wenn Sie die Datei später beispielsweise auf ein Videoband ausgeben oder weiterbearbeiten wollen.

1 Wählen Sie im Listenfeld *Format* den Eintrag *AVI*.

2 Also Nächstes sollten Sie im Listenfeld *Vorgabe* auf das deutsche Format *PAL DV* bzw. *PAL DV Widescreen* umschalten, da Premiere das im deutschsprachigen Raum nicht übliche NTSC-Fernsehformat verwendet.

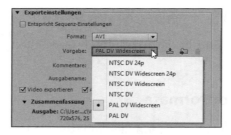

Abb. L9.5: Wählen Sie das deutsche TV-Format

Weitere Einstellungen können Sie im erweiterten Modus vornehmen.

3 In diesen gelangen Sie durch Anklicken der Registerkarte *Video*.

Abb. L9.6: In den erweiterten Modus schalten

Hier können Sie weitere Einstellungen vornehmen.

4 Klicken Sie zunächst auf das Listenfeld *Video-Codec*.

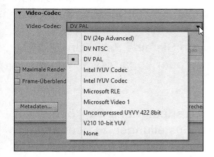

Abb. L9.7: Wählen Sie den Kompressor

5 Wie Sie im Listenfeld sehen, bietet Ihnen Premiere auch hier eine Reihe von Möglichkeiten an.

> Nach wie vor ist es so, dass eine hohe Auflösung erhebliche System- und Speicherressourcen erfordert, und Sie sollten bedenken, ob es unbedingt die höchste Größe sein muss. Im Regelfall werden Sie hier nur entscheiden, ob Sie das Format 4:3 oder 16:9 wünschen.

Als Letztes sollten Sie die Audioeinstellungen festlegen.

6 Klicken Sie deshalb auf die Registerkarte *Audio*.

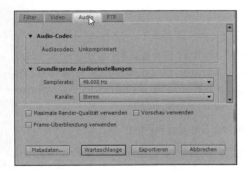

Abb. L9.8: Die Audioeinstellungen des Videos

Lernen 9: Videoclips abspielfertig machen **269**

Von entscheidender Bedeutung sind Ihre Eingaben im Listenfeld *Samplerate*. Je höher Sie hier die Einstellung wählen, umso besser ist die Qualität. Dadurch entsteht allerdings auch mehr Datenaufwand und es wird sehr viel Speicher belegt.

In vielen Fällen genügt es, wenn Sie eine Rate von *22.050 Hz* und als Format *8-Bit-Stereo* oder sogar *Mono* verwenden.

7 Damit sind alle Einstellungen erledigt und Sie können auf *Exportieren* klicken, um die Einstellungen zu beenden.

Unkomprimiert Microsoft AVI

Unkomprimiert Microsoft AVI

Wenn Sie die Datei digital ohne Kodierung weiterverarbeiten möchten, gehen Sie so vor:

1 Wählen Sie im Dialogfenster *Exporteinstellungen* den Dateityp *Unkomprimiert Microsoft AVI*.

2 Darüber hinaus müssen Sie auf der Registerkarte *Video* den *Video-Codec* einstellen. Für ein Windows-System sollte es die Option *IYUV* sein.

3 Danach treffen Sie noch ein paar Grundeinstellungen. Insbesondere sollten Sie auf die *Framerate* achten. Diese legt die Anzahl der Einzelbilder fest, mit der der Film gespeichert wird.

4 Für ein Video in PAL-Qualität sollten Sie sich für *25* entscheiden.

5 Im Listenfeld *Feldfolge* sollten Sie die Option *Progressiv* wählen, denn die Daten bleiben beim Abspeichern in einer *.avi*-Datei digital und so ist eine Aufteilung in Halbbilder (*Oben zuerst, Unten zuerst*) nicht nötig.

6 Mit *Exportieren* beenden Sie die Aktion.

Der Film wird anschließend in den angegebenen Projektordner übertragen.

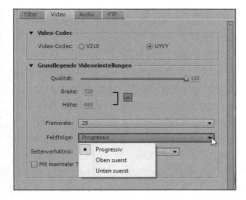

Abb. L9.9: Vergessen Sie nicht, auf *Unkomprimiert Microsoft AVI* umzustellen

Wie Sie später beim Erstellen der Datei bemerken dürften, benötigt Premiere Pro dazu erheblich weniger Zeit, weil ja die Kodierung der Daten entfällt.

H.264

Beim *H.264-Standard* handelt es sich um eine hocheffiziente Videokompression, die typischerweise eine etwa dreimal so hohe Kodiereffizienz wie H.262 (MPEG-2) erzielt und insbesondere auch für hochaufgelöste Bilddaten (z. B. HDTV) ausgelegt ist. Allerdings muss man bei der Erstellung einen zwei- bis dreifachen Rechenaufwand einkalkulieren.

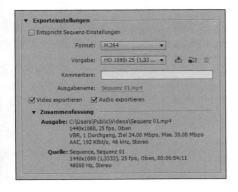

Abb. L9.10:
Das Format H.264

Das standardisierte Dateiformat ist MP4.

FLV / F4V

Adobe Flash Video

Das Format *FLV* ist das Videoformat der Firma Adobe, das dazu verwendet wird, Videodateien über das Internet zum *Adobe Flash Player* zu transportieren und damit abzuspielen. Das Format zeichnet sich dadurch aus, dass Webseiten mit Videos auf allen Rechnern angezeigt werden können, auf denen der Adobe Flash Player installiert ist. Dieser erreicht mittlerweile im Vergleich zu Plug-ins konkurrierender Formate wie *Apple QuickTime* eine extrem hohe Verbreitung, was nicht zuletzt zeigt, dass alle bedeutenden Videoportale wie *YouTube*, *Clipfish* oder *MyVideo* auf Flash-Videos setzen.

1 Wählen Sie im Listenfeld *Format* den Eintrag *FLV* aus.

2 Im folgenden Listenfeld stellen Sie nun den gewünschten *Vorgabe*-Wert ein.

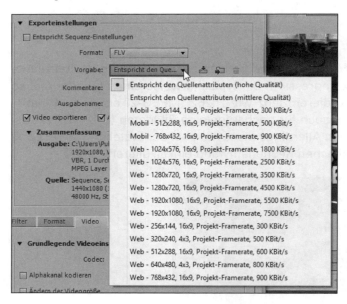

Abb. L9.11: Die Qual der Wahl

Nachdem Sie das getan haben, können Sie im Bereich *Zusammenfassung* unter anderem die dadurch bedingte Videogröße ablesen.

> Die qualitativen Anforderungen an das Rohmaterial für Flash-Webvideos sind recht hoch, was durch die sehr starke Kompression infolge der niedrigen Bandbreite im Internet begründet ist. Die verwendeten Kompressionsalgorithmen übertragen jeweils nur den Unterschied zwischen zwei Einzelbildern. Hat das Ausgangsmaterial viele Bildstörungen, führt dies zu einer überproportional schlechten Qualität des erzeugten Flash-Videos. Weiterhin sollten Sie auf jegliche Bewegung der Kamera verzichten und am besten nur mit einem Stativ arbeiten und auch auf Zooms verzichten.

Neben der Schaltfläche *OK*, auf die Sie klicken, wenn Sie den Kodierungsvorgang starten wollen, finden Sie eine Größenangabe der zukünftigen Datei.

3 Starten Sie den Vorgang mit einem Klick auf *OK*, um die Datei an den *Adobe Media Encoder* zu übergeben.

MPEG

Wenn Sie Filme im Internet präsentieren oder optimal komprimieren wollen, kommen Sie am Dateityp *MPEG* nicht vorbei. Dieses Format nimmt nicht zuletzt im Hinblick auf das Internet zunehmend eine bedeutende Stellung ein, denn das Dateiformat MPEG (*Motion Picture Experts Group*) bietet eine sehr effiziente Komprimierung von Videodateien.

Im MPEG-Verfahren erstellte Dateien zeichnen sich dadurch aus, dass sie stark komprimiert werden können. Es handelt sich hierbei um ein zeitliches Kompressionsverfahren, das einen Videostrom nicht als einzelne Frames betrachtet, sondern als Veränderungen an den jeweiligen Bildern. Da sich im Allgemeinen zwei aufeinanderfolgende Frames nur geringfügig unterscheiden, speichert und komprimiert MPEG zunächst nur ein Bild vollständig ab. Dieses wird als *I-Frame* bezeichnet, was von der Bezeichnung *Index* herrührt. Bei den nächsten Bildern (den sogenannten *B*- und *P-Frames*) werden nur die Änderungen vermerkt, die auf dem Bild bzw. zwischen den Bildern stattfinden. Das bedeutet auf der einen Seite, dass dadurch eine deutliche Speicherplatzreduzierung stattfindet, auf der anderen Seite neigen MPEG-Dateien jedoch infolge der fehlenden Bildinformationen dazu, bei Bildern mit starken Bewegungen Bildfehler in Form von „Klötzchen" zu produzieren.

Das MPEG-2-Format entspricht in etwas einer S-VHS-Bildqualität und ist somit für sogenannte *SVCD*, also Super-Video-Disks, geeignet. Um dabei einen ähnlich guten Standard wie in Fernsehstudios zu schaffen, wird hier der Zeilensprung berücksichtigt.

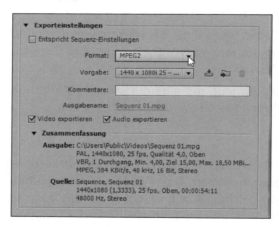

Abb. L9.12: Das MPEG-2-Format

Wie Sie sehen, können Sie hier zugleich auch das MPGE-2-Format für Blu-ray Discs oder herkömmliche DVDs einstellen. Diese Formate bieten eine bessere Bildqualität, was mit einer größeren Datei einhergeht.

QuickTime

Wenn Sie einen Mac-kompatiblen Film erzeugen wollen, ist die Option *QuickTime* die richtige Wahl, da es sich hier um die von der Firma Apple entwickelte Multimedia-Architektur für Mac OS und Windows handelt.

Damit Sie solche Dateien erstellen können, muss QuickTime aber auf Ihrem Rechner installiert sein. Holen Sie gegebenenfalls diese Installation nach. Zum Lieferumfang von Premiere Pro gehört QuickTime leider nicht.

QuickTime

Die aktuellste Version von QuickTime erhalten Sie auf der Apple-Website (*http://www.apple.com/de/quicktime/download/*).

Abb. L9.13: QuickTime muss extra installiert werden

1 Im Bereich *Exporteinstellungen* müssen Sie lediglich das *Format* auf *QuickTime* und die *Vorgabe* auf *PAL DV* umstellen. Mehr ist nicht erforderlich.

QuickTime erstellt einen Film, den Sie an der Endung *.mov* erkennen.

2 Verlassen Sie das Einstellungsfenster über *Exportieren*.

Windows Media

Für die Windows-Freunde lassen sich die Videodaten auch in das Media-Format von Windows ausgeben. *Windows Media* ist ein Format, das stark im Kommen ist und durch sehr gute Kompressionsraten glänzt. Deshalb eignet es sich insbesondere für den Interneteinsatz.

Windows Media

1 Wählen Sie das Format *Windows Media*.

2 Klicken Sie auf den Listenpfeil des Feldes *Vorgabe*.

Hier steht Ihnen eine Vielzahl von Formatierungsoptionen zur Verfügung, damit Sie die Ausgabe im Windows-Media-Format exakt steuern können.

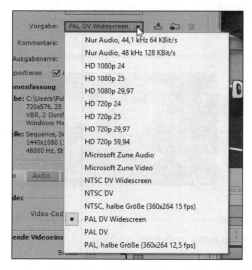

Abb. L9.14: Das Windows-Media-Format ist für Premiere kein Problem

Welche Sie verwenden, hängt auch von dem installierten Codec und der gewünschten Kompression ab. Idealerweise sollten Sie für den deutschsprachigen Raum einen PAL-Codec verwenden.

Abspielen von Videodateien

Sicherlich möchten Sie nach so viel Arbeit Ihre Videos endlich ansehen.

Dabei können Sie auf folgende Geräte zurückgreifen:

- Bei Dateien im Format *.flv* handelt es sich um Flash-Videos. Nachteilig an diesem Format ist, dass es nicht außerhalb eines Browsers von den gängigen Playern abgespielt werden kann, sondern einen speziellen Abspieler benötigt.

Flash Player

1 Suchen Sie die betreffende Datei in Ihrem Projektordner.

2 Führen Sie einen Doppelklick darauf aus.

Der *Adobe Media Player* startet und Sie können den Flash-Film in voller Pracht genießen.

Abb. L9.15: Eine Datei im Adobe Media Player öffnen

- *.avi*-Dateien können Sie ohne Probleme im Windows-eigenen *Media Player* abspielen.

Windows Media Player

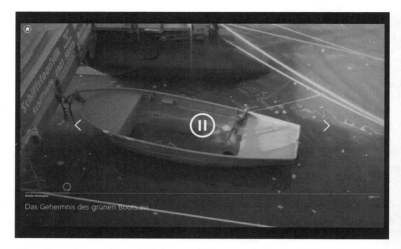

Abb. L9.16: Der fertige Film im Windows Media Player

Ausgabe auf ein Videoband

Vielleicht möchten Sie ein Projekt wieder auf das Videoband zurückspielen? Diese Ausgabeform ist deshalb so praktisch, weil Sie fast überall einen Videorekorder zum Abspielen Ihres Films finden werden und diesen somit auch Menschen zur Verfügung stellen können, die mit Computern „nichts am Hut" haben.

Mit Premiere können Sie direkt vom Computer auf das Videoband aufzeichnen. Dabei muss im einfachsten Fall lediglich das Video im Schnittfenster abgespielt und gleichzeitig von einem angeschlossenen DV-Camcorder oder Videorekorder aufgenommen werden.

Zunächst sollten Sie wissen, dass bei direkten Aufnahmen aus dem Schnittfenster die Einstellungen aus dem Dialogfenster *Projekteinstellungen* verwendet werden.

> Bei vielen Videoaufnahmekarten gehören Premiere-Pro-kompatible Zusatzmodule zum Zubehör, die das Aufnehmen auf Videoband per Menübefehl ermöglichen. Führen Sie in diesem Fall die in der beiliegenden Dokumentation beschriebenen Schritte durch.

Vorbereitungsmaßnahmen

Die Ausgabe auf ein DV-Gerät (Camcorder oder Videorekorder) erfordert lediglich eine funktionstüchtige IEEE-1394- oder USB-Steckverbindung mit der Videoaufnahmekarte Ihres PC.

Ausgabe auf DV-Gerät

> Bei einigen digitalen Camcordern funktioniert der Firewire-Anschluss nicht als Eingang. So ist bei vielen Geräten eine Sperre (das heißt, die Funktion *DV-in* ist abgeschaltet) eingebaut, da sonst zusätzliche Einfuhrzölle erhoben werden müssten.

1 Schalten Sie das Aufnahmegerät ein und stellen Sie es auf *Play* (oder VCR-Modus).

2 Nachdem es gestartet ist, wählen Sie den Menüpunkt *Datei / Exportieren / Band* (siehe Abbildung L9.17).

Sie erhalten das Dialogfenster *Auf Band ausgeben*, in welchem Sie die eine oder andere Einstellung vornehmen können.

- Beispielsweise können Sie das Anlaufen des Films verzögern, indem Sie einen entsprechenden Wert eintragen, oder bestimmen, dass bei einer bestimmten Anzahl von ausgelassenen Frames die Aufnahme abgebrochen wird.

- Im Regelfall werden Sie allerdings nur darauf achten, dass die richtige Stelle des Aufnahmebeginns beim Kontrollkästchen *Zusammensetzen an Timecode* eingestellt ist (siehe Abbildung L9.18).

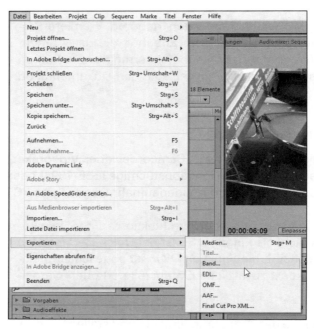

Abb. L9.17: Haben Sie die Kamera eingeschaltet?

Abb. L9.18: Optionen für die Bandausgabe

3 Mit einem Klick auf die Schaltfläche *Aufnehmen* geht es los.

Premiere rendert zunächst das Video.

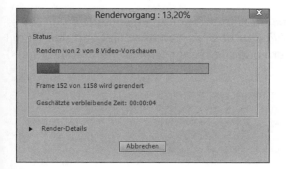

Abb. L9.19: Das Video wird gerendert

Dann startet Premiere Pro die Aufnahme an Ihrem Camcorder und überträgt die Daten. Die Aufnahme selbst können Sie an dem Monitor der Kamera verfolgen.

Abb. L9.20: Die Übertragung auf die Digitalkamera läuft

Auf dem Premiere-Pro-Bildschirm sehen Sie im unteren Bereich des Dialogfensters *Auf Band ausgeben* den *Aktuellen Timecode*, der sich synchron zu der *Marke für die aktuelle Zeit* mitbewegt.

4 Hat alles geklappt, klicken Sie im Fenster *Auf Band ausgeben* auf *Schließen* und können anschließend den Film auf Ihrer Kamera oder dem angeschlossenen Monitor genießen.

Abb. L9.21: Alles paletti!

Ausgabe auf eine Disk

Sehr viele Menschen verfügen an Ihrem Fernseher über einen Abspieler für CDs, DVDs oder gar Blu-ray Discs. Zudem sind viele Computer mit einem entsprechenden Laufwerk ausgerüstet. Was liegt da näher, als den selbst gedrehten Videofilm oder den TV-Mitschnitt auf eine Disk zu bannen? Alles, was Sie dazu benötigen, ist lediglich ein entsprechender Brenner.

Ausgabe auf eine Disk

Leider verfügt das neue Premiere über keine integrierte Funktion *Auf Disk ausgeben* mehr, sondern Sie benötigen zusätzlich *Adobe Encore*, um menübasierte DVDs oder Blu-ray Discs zu erstellen.

Verfügen Sie nicht über dieses Programm, müssen Sie sich mit dem Programm eines anderen Anbieters behelfen. Vielleicht sind Sie im Besitz von *Nero Burning ROM*? Dann ist das Erstellen einer Video-DVD bzw. -CD recht einfach.

Eine Trialversion von Nero erhalten Sie über die Website *www.ahead.com*.

Nachdem Sie das Programm gegebenenfalls installiert haben, müssen Sie lediglich die folgenden Schritte durchlaufen.

Video-Disk

1 Zunächst starten Sie das Modul *Nero Vision*.

2 Im ersten Dialogfenster entscheiden Sie, wie es weitergeht.

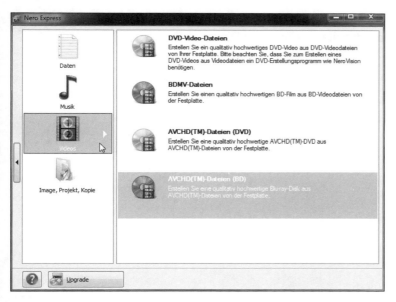

Abb. L9.22: Welchen Typ hätten Sie gern?

Wie Sie sehen, stehen Ihnen hier folgende relevante Möglichkeiten zur Auswahl:

- *DVD-Video-Dateien*: Mithilfe dieser Schaltfläche können Sie ein DVD-Projekt erstellen und dabei die gewünschte DVD (normal oder editierbar) auswählen.

- *BDMV-Dateien*: Verfügen Sie schon über einen Blu-ray-Brenner, dann können Sie Ihren Film schon auf dieses neue Medium bannen.

- *AVCHD(TM)-Dateien*: AVCHD (die Abkürzung steht für *Advanced Video Codec High Definition*) ist ein digitales Aufzeichnungsformat für Camcorder, die digitale Datenträger (Blu-ray, DVD, Festplattenverzeichnisse, Memory Sticks oder SD-Karten) aufzeichnen.

3 Wählen Sie das gewünschte Medium und klicken Sie auf die entsprechende Schaltfläche.

Das Programm macht sich augenblicklich an die Arbeit und brennt die gewünschte Disk.

Teil II: Üben

Ü1 Übungen zu Kapitel 1

1 Welche vier grundlegenden Schritte werden Sie im Regelfall beim Arbeiten mit Premiere Pro ausführen?

Im Prinzip handelt es sich immer wieder um die gleiche Reihenfolge: Zunächst werden die Videodaten auf die Festplatte gebracht, dann folgt das Bearbeiten der Dateien, also das Kürzen oder das Teilen. Danach werden die einzelnen Szenen angeordnet, bevor sie in eine neue Videodatei, auf ein Videoband oder auf eine Disk ausgegeben werden.

2 Bei welchen Schritten sollte man auf die Hardware achten?

Bei dem ersten und dem letzten Punkt spielt die Hardware-Ausstattung eine entscheidende Rolle.

3 Auf welche Arten kann man Premiere Pro installieren und worauf ist nach 30 Tagen zu achten.

Einmal über die aus dem Internet bezogene Datei oder über die im Handel erworbene DVD. Damit man nach 30 Tagen mit dem Programm weiterarbeiten kann, muss das Programm bei Adobe aktiviert werden.

4 Zählen Sie auf, welche Vorteile ein Firewire-Anschluss hat. Unter welchem Namen ist er noch bekannt?

Wenn die Videokamera und auch der Computer über einen Firewire-Anschluss verfügen, ist die Verbindung zwischen diesen beiden Komponenten ein Kinderspiel. Der ursprünglich nur auf den Macintosh-Computern von Apple zu findende Anschluss Firewire ist auch unter den Namen IEEE 1394 oder i-Link bekannt. Eingesetzt wird Firewire vor allem zur Übertragung von digitalen Bildern oder Videos auf einen PC, aber auch zum Anschluss externer Massenspeicher wie DVD-Brenner, Festplatten etc.

5 Erläutern Sie den Begriff DV-Video und nennen Sie den entscheidenden Vorteil einer digitalen Videobearbeitung.

Die Abkürzung *DV* steht für *Digitale Videobearbeitung*. Bei dieser Bearbeitung werden die Videos zu keinem Zeitpunkt umgewandelt, sondern liegen stets als digitale Kopien vor, das heißt, die Kopie der Kopie entspricht qualitätsmäßig immer noch dem Original.

6 Was ist ein Preset?

Bei Presets handelt es sich im Prinzip um nichts anderes als Projektvoreinstellungen, die auf die jeweilige Karte abgestimmt sind. Es handelt sich sozusagen um eine gespeicherte Voreinstellung von Parametern, die bezüglich des jeweiligen Systems eine standardisierte Anwendung ermöglicht.

7 Wie kann man die Darstellungsfarbe des Programms anpassen?

Man ruft die Menüreihenfolge *Bearbeiten / Voreinstellungen / Aussehen* auf und zieht im folgenden gleichnamigen Dialogfenster den Regler *Helligkeit* in die gewünschte Richtung.

8 Welche Aufgabe hat das Projektfenster?

Das Projektfenster ist die zentrale Schaltstelle Ihrer Arbeit mit Premiere Pro. Hier verwalten Sie alle Bestandteile Ihres Videoprojekts.

9 Welche Vorteile bietet das Bedienfeld *Protokoll*?

Es ermöglicht, bis zu 99 Änderungen an dem Videoprojekt rückgängig zu machen.

10 Was kennzeichnet das Schnittfenster?

Das Schnittfenster bietet eine schematische und zeitliche Ansicht Ihres Videos einschließlich aller Video-, Audio- und Überlagerungsspuren. Hier werden die – unter Umständen zahlreichen – Teilszenen Ihres Videoprojekts zusammengesetzt.

11 Wie erhält man umfassende Informationen zu Premiere Pro?

In der Hilfe des Fensters, das man über *Hilfe / Adobe Premiere Pro-Hilfe* oder schneller durch Betätigen der Taste [F1] erhält.

Ü2 Übungen zu Kapitel 2

1 **Stellen Sie dar, welche Bedeutung ein Projekt für Premiere hat.**

In einem Projekt werden alle Einstellungen zusammengefasst, die für das gesamte Projekt gelten.

2 **Wie legt man unter Premiere ein neues Projekt an?**

Um ein neues Projekt anzulegen, ruft man – sofern man sich nicht bereits im Startfenster befinden – über das Menü *Datei / Neu / Projekt* oder mit der Tastenkombination [Strg] + [N] das Dialogfenster *Projekteinstellungen laden* auf. Anschließend wählt man aus den verfügbaren Vorgaben eine passende aus, beispielsweise für die europäische Region *DV-PAL* und die Option *Standard 48kHz*.

3 **Was versteht man in Premiere Pro unter einem Frame und welche Rolle spielt die Framegröße?**

Ein Frame ist eine andere Bezeichnung für ein Einzelbild eines Videos. Die Framegröße gibt die Ausmaße (in Pixel) für Frames an, mit denen ein Video im Schnittfenster abgespielt wird. Im Idealfall sollte die Framegröße des Projekts mit der des Videoclips übereinstimmen. In Deutschland sind Videos nach der PAL-Norm aufgebaut. Sie haben eine Größe von 768 x 568 bzw. 720 x 576 sichtbaren Bildpunkten.

4 **Was versteht man unter einem Codec?**

Der Begriff Codec setzt sich aus den Wortbestandteilen *Kompressor* und *Dekompressor* zusammen. Ohne Komprimierung wäre eine Festplatte in Minutenschnelle mit Videodaten gefüllt. Die Aufgabe der Codecs ist es, bei der Aufnahme die Videodaten in Echtzeit zu verdichten. Dabei handelt es sich im

Prinzip um einen speziellen Softwaretreiber, der die Komprimierung bei der Aufnahme und die Dekomprimierung bei der Wiedergabe eines Videos steuert. Der Vorteil dieser Lösung liegt darin, dass man hierfür keine spezielle Hardware mehr benötigt und somit sehr günstige Schnittlösungen möglich werden.

5 Wie führt man ein vorhandenes Projekt weiter?

Man klickt im Fenster *Willkommen bei Adobe Premiere Pro* auf den entsprechenden Link unter *Aktuelle Projekte*.

Ü3 Übungen zu Kapitel 3

1 **Mit welchen grundlegenden Medienarten können Sie es beim Videoschnitt mit Premiere zu tun bekommen?**

Beim Videoschnitt mit Premiere Pro können analoge und digitale Medien verarbeitet werden.

2 **Sie haben eine Videokamera mit dem PC verbunden. Welche Menübefehlsfolge benötigen Sie, um die Aufzeichnung in Premiere zu starten?**

Das eigentliche Aufnahmedialogfenster erhält man über die Menübefehlsfolge *Datei / Aufnehmen* oder schneller durch Betätigen von [F5].

3 **Stellen Sie einmal dar, welche Vorteile eine digitale Aufnahme bietet.**

Die Aufnahme von digitalen Videos hat dem analogen Aufnehmen voraus, dass das Bild direkt in ein digitales Format umgewandelt wird, sofort auf einer Festplatte gespeichert wird und somit nicht im Computer digitalisiert zu werden braucht. Konkret bedeutet das, dass die Clips lediglich auf den Computer übertragen werden müssen.

4 **Beschreiben Sie, wie Sie Premiere auf Ihre Digitalkamera einstellen.**

Mithilfe der *Gerätesteuerung* kann man Premiere genau auf seine Hardware, etwa die Digitalkamera, einrichten. Man klickt zunächst im Bereich *Gerätesteuerung* auf das Listenfeld *Gerätemarke*, um die entsprechende Option *DV/HDV-Gerätesteuerung* auszuwählen. Dadurch wird die Schaltfläche *Optionen* aktiviert und man kann sie anklicken, wodurch man das Dialogfenster *Einstellungen für DV-/HDV-Gerätesteuerung* erhält.

Mithilfe dieses Fensters kann man zunächst die Kameramarke und anschließend die entsprechenden Optionen einstellen.

5 **Beschreiben Sie, wie Sie eine ganz bestimmte Passage von einem analogen Videoband aufnehmen.**

Man verwendet dazu am besten einen In-Point und einen Out-Point. Beim ersten handelt es sich um den ersten Frame eines Clips und beim zweiten um den letzten, der in dem Film erscheinen soll. So lassen sich Anfangs- und Endpunkt problemlos festlegen und überflüssiges Material muss später nicht weggeschnitten werden.

6 **Sie möchten bestimmte Aufnahmeschritte, die sich immer wiederholen, automatisieren. Welche Option stellt Ihnen Premiere dafür zur Verfügung?**

Wenn man mehrere Clips von einem Band aufnehmen und immer wieder dieselben Handgriffe machen muss, setzt man die *Batchaufnahme* ein, mit der man automatisch und ohne Eingriff von außen mehrere Clips ein und desselben Bands „in einem Rutsch" digitalisieren kann.

7 **Was benötigt man, um analoges Material mit Premiere bearbeiten zu können?**

Um analoges Videomaterial aufzunehmen, muss man zuerst den Camcorder oder Videorekorder an die im System integrierte Aufnahmekarte anschließen.

8 **Wie bekommt man digitale Aufnahmen auf den Rechner?**

Sehr häufig durch ein Programm des Kameraherstellers. Nachdem Sie die Kamera eingeschaltet haben, wird hier oft ein Dialogfenster des Herstellers *geöffnet, über welches Sie die Videoclips importieren können.*

9 Und was macht man, wenn kein entsprechendes Fenster geöffnet wird?

Wird kein derartiges Fenster automatisch geöffnet, dann ruft man die Menüfolge *Datei / Importieren* auf. Im folgenden gleichnamigen Dialogfenster stellt man zunächst den Speicherort mit den zu importierenden Dateien ein. Anschließend markiert man die Clips (einzelne nacheinander mit gedrückter Strg -Taste) und wenn man alle beisammen hat, klickt man auf die Schaltfläche *Öffnen*, um den Import von der Kamera zu starten. Premiere Pro macht sich an die Arbeit und kopiert die Videos nun von der Kamera auf die Festplatte.

10 Wo verwaltet Premiere die Videoclips?

Die zentrale Schaltstelle in Premiere ist das Fenster *Projekt*. Hier verwaltet man alle Bestandteile des Videoprojekts. Im diesem Fenster befinden sich alle Originalclips, die man für ein Projekt aufgenommen bzw. in ein Projekt importiert hat. Genauer gesagt werden hier die Verweise auf die Clips abgespeichert, sodass man stets Zugriff darauf hat.

11 Erklären Sie den Begriff des Trimmens.

Unter Trimmen versteht man die Möglichkeit, einen bestimmten Bereich innerhalb eines Clips herauszuschneiden. Dabei werden dann alle Bereiche, die sich außerhalb des Trimmbereichs befinden, gelöscht.

Ü4 Übungen zu Kapitel 4

1 Was bietet Ihnen die Storyboard-Funktion?

Mithilfe der sogenannten Storyboard-Funktion können Sie die in den Film zu importierenden Mediadateien zunächst problemlos arrangieren, bevor Sie sie in die Timeline ziehen. Statt wie früher nun Clip für Clip auf das Schnittfenster zu ziehen, können Sie diesen Schritt in Premiere Pro automatisch in einem Durchgang erledigen.

2 Beim Anordnen der Clips sind beim Verschieben Lücken entstanden, wie können Sie diese beseitigen?

Um leere Stellen zwischen den Clips zu entfernen, wählt man die Option *Aufräumen*, die man im Einblendmenü des Projektfensters findet.

3 Übertragen Sie verschiedene Videoclips von Ihrer Kamera und ordnen Sie diese mithilfe des Storyboards an. Lassen Sie sich abschließend diese Anordnung als Sequenz anzeigen.

Wählen Sie den ersten Clip aus, um ihn im Vorschaubereich oben im Projektfenster anzuzeigen. Klicken Sie mit der Maus, halten Sie die Maustaste gedrückt und verschieben Sie den Clip an die gewünschte Stelle. Die Stelle, an der Sie den Clip einfügen können, erkennen Sie an dem senkrechten schwarzen Strich. Dort angekommen, lassen Sie die Maustaste einfach los. Premiere Pro fügt den Clip dann sofort an dieser Stelle ein. Auf diese Art und Weise bringen Sie alle Clips in die gewünschte Reihenfolge. Abschließend räumen Sie dann noch auf. Wählen Sie die Option *Aufräumen*, die Sie im Einblendmenü des Projektfensters finden.

4 **Sie verfügen bereits über einige Videoclips auf Ihrer Festplatte. Wie bekommen Sie diese in ein Premiere-Pro-Projekt?**

Sollten die Videos bereits digitalisiert sein, dann ist die Funktion *Importieren* der schnellste Weg. Man ruft die Menüreihenfolge *Datei / Importieren* auf, sucht im folgenden Dialogfenster den Speicherort der Videoclips auf, markiert den oder die Clips, die man in sein Projekt aufnehmen möchte, und bestätigt mit *Öffnen*.

5 **Erläutern Sie kurz den Unterschied zwischen dem *Auswahlwerkzeug* und dem *Hand-Werkzeug*.**

Mit dem *Auswahlwerkzeug* markiert man einzelne Clips und kann sie dann bei gedrückter linker Maustaste im Schnittfenster an die gewünschte Position verschieben. Mit dem Hand-Werkzeug kann man den Ausschnitt des Schnittfensters rasch nach rechts oder links verschieben.

6 **Wie kann man Clips einfacher umordnen und welchen Vorteil bietet dieser „Trick"?**

Man kann Clips einfacher umordnen, wenn man während des Vorgangs des Verschiebens die [Strg]-Taste gedrückt hält. Dann wird beim Platzieren der Clips der überlagerte Clip nicht etwa gelöscht, sondern nach hinten verschoben, und die Lücke wird automatisch geschlossen.

7 **Wie kann man eine Spur vor unbeabsichtigten Veränderungen schützen?**

Um eine Spur zu schützen, muss man lediglich auf das Schloss-Symbol neben dem Spurnamen klicken.

8 **Kann man ein Video innerhalb von Premiere Pro betrachten und was bedeutet Rendern in diesem Zusammenhang?**

Premiere Pro verfügt über eine elegante Vorschau. Nachdem man alle Szenen in das Video eingefügt hat, drückt man einfach einmal die ⏎-Taste. Daraufhin berechnet Premiere Pro ein Vorschauvideo, man spricht von Rendern, und zeigt den Verlauf in einem kleinen Hinweisfenster an. Anschließend kann man das „fertige" Werk betrachten.

9 **Was ist Adobe Bridge?**

Ein Programm zum Verwalten der Mediadateien. Je mehr Videoclips man bevorratet, desto schneller wird man feststellen, dass es gar nicht so einfach ist, den Überblick zu behalten. In diesem Fall hilft bei der Verwaltung der Bilddateien: *Adobe Bridge*. Dieses programmübergreifende Modul ist der zentrale Ort zur Dateiverwaltung für alle Komponenten der Adobe-Programmfamilie.

Ü5 Übungen zu Kapitel 5

1 Was versteht man in Premiere Pro unter einem Schnitt?

Beim Schneiden am Computer handelt es sich eigentlich gar nicht um einen „Schnitt", denn die Szenen werden nicht geschnitten, sondern eher zusammengestellt. Der Begriff des Schneidens rührt daher, dass früher ein Film mit Schere und Klebestreifen in eine abspielbare Form gebracht wurde. Hatte man das Material geschnitten, dann wurden die Filmstreifen einfach mit Klebebändern zusammengefügt. Die Stellen, an denen die einzelnen Szenen zusammengeklebt sind, werden als „harte Schnitte" bezeichnet. Ein Bild wechselt ohne Vorwarnung zu dem folgenden.

2 Erläutern Sie den Begriff des Trimmens.

Beim Trimmen innerhalb von Premiere Pro wird der Originalclip nicht verändert, sondern es wird lediglich ein Teilbereich desselben verwendet. Der nicht angezeigte Teil wird nicht abgespielt. Es handelt sich folglich auch um keinen Schnitt, was sich daran zeigt, dass man jederzeit den Clip wieder verlängern kann.

3 Wie funktioniert die Technik des Rollens?

Wenn man den Übergang zwischen zwei Clips anpassen möchte, kann man das sehr schön mit einer Variation der einfachen Zuschneidemethoden erreichen, die man als *Rollen* bezeichnet. Konkret werden dabei die angrenzenden Out- und In-Points der Clips gleichzeitig und um die gleiche Anzahl Frames zugeschnitten. Dabei wird der Schnittpunkt zwischen Clips verschoben, während die zeitliche Position anderer Clips bewahrt und die Gesamtdauer der Sequenz beibehalten wird. Wird der geschnittene Clip beispielsweise zeitlich nach vorne gezogen, dann wird der vorhergehende Clip verkürzt und der nachfolgende Clip verlängert.

4 **Erläutern Sie die Funktionsweise der Timeline**

Der Begriff *Timeline* ist im Prinzip nur eine andere Bezeichnung für das Schnittfenster, das Ihnen eine schematische Ansicht Ihres Programms einschließlich aller Video-, Audio- und Überlagerungsspuren bietet. Dabei handelt es sich um eine zeitbezogene Ansicht, in der Sie die Reihenfolge der Originalclips nach Ihren Vorstellungen auswählen, anordnen und ändern können. Der Begriff Timeline rührt daher, dass die Positionen der einzelnen Clips in der Zeitebene, ihre Dauer und ihr Verhältnis zu den anderen Clips im Programm grafisch angezeigt werden.

5 **Erklären Sie anhand eines Beispiels, was man unter einem harten Schnitt versteht.**

Ein harter Schnitt ist das Zerteilen eines Clips mithilfe des Werkzeugs *Rasierklinge* in zwei Teile.

6 **Wozu dienen In- und Out-Points?**

Bei den meisten Clips wird am Anfang und am Ende mehr Material aufgenommen, als man später verwendet. Um die entscheidenden Stellen zu markieren, ist es denn auch allgemeine Praxis, den Anfangs- und Endpunkt eines Clips erst dann genau festzulegen, wenn er in das Schnittfenster aufgenommen werden soll. Diese Arbeit erledigt man mit sogenannten In- bzw. Out-Points. Der In-Point bezeichnet dabei den ersten Frame eines Clips und der Out-Point den letzten, der in dem Film erscheinen soll.

7 **Wie setzt man die Rasierklinge ein?**

Die Rasierklinge dient zum gezielten Schneiden von einzelnen Szenen. Sie kommt beispielsweise dann zum Einsatz, wenn man einen größeren Clip digitalisiert hat, von dem man aber nur einen Ausschnitt braucht. Zwar könnte man ihn im

Schnittfenster auf den entsprechenden Spuren so anordnen, dass man im Endeffekt zum gleichen Ergebnis kommt, man kann ihn im Schnittfenster aber auch mithilfe der *Rasierklinge* aufteilen.

8 Wie schließt man die Lücken, die beim Schneiden entstehen?

Mithilfe des Werkzeugs *Löschen und Lücke schließen* kann man schnell Leerräume auf einer Spur löschen. Dazu muss man lediglich das Werkzeug aktivieren und es an den linken Rand des soeben geschnittenen Clips führen. Wenn der Mauszeiger seine Form verändert, klickt man und zieht bei gedrückter Maustaste den Clip an den anderen heran.

Ü6 Übungen zu Kapitel 6

1 Was versteht man unter einer Überblendung?

Den visuellen Wechsel von einem Clip zu einem anderen. Das Auge wird sozusagen aus dem einen Clip heraus- und in den anderen Clip hineingeleitet. Dadurch kann man einen zu harten Übergang vermeiden, etwa weil die beiden Szenen einfach nicht zueinander passen wollen.

2 Was ist beim Einsatz von Überblendeffekten zu beachten?

Auch wenn es sehr in den Fingern juckt, sollten Sie es möglichst unterlassen, zu viele dieser Effekte in ein Projekt einzubauen, denn man kann sich an solchen Sachen sehr schnell sattsehen. Ferner sollten Sie auf Kontinuität achten und deshalb in einem Film stets nur mit ein und demselben Effekt arbeiten. Ein ständiges Wechseln mag sicherlich beim Schneiden begeistern, doch das daraus entstehende Produkt ist viel zu unruhig. Außerdem kann ein einmal zugewiesener Effekt später aus dem fertigen Film nur durch (hartes) Ausschneiden, also unter Verlust der Sequenz, entfernt werden.

3 Beschreiben Sie die Arbeitsschritte beim Anlegen eines Überblendeffekts.

Verschieben Sie zunächst den nachfolgenden Clip bei gedrückter linker Maustaste so, dass er sich mit dem Ende des Vorgängerclips um etwa eine Sekunde überlagert. Dann bringen Sie den Effekt in der zwischen den beiden Videospuren angebrachten Spur *Überblendung* an.

4 Welche Arbeitsschritte sind für die Entfernung einer Überblendung notwendig?

Zunächst klickt man im Schnittfenster mit der rechten Maustaste auf das *Effekte*-Rechteck und bestätigt dann noch den Kontextmenüpunkt *Löschen*.

5 Was kann man mit dem Effekt *Deckkraft* erreichen? Und welche Rolle spielen dabei die Deckkraftlinien?

Standardmäßig werden Clips auf Spuren mit 100%iger Deckkraft dargestellt. Möchte man das verändern, kann man den Transparenzanteil eines Clips erhöhen, indem man die Deckkraft so weit vermindert, bis der Clip bei einer Deckkraft von 0% vollständig transparent ist. Das eigentliche Überblenden erledigt man mithilfe dynamischer Deckkraftlinien. Diese Linien lassen sich an den sogenannten Änderungspunkten auf neue Werte ziehen und regeln so die Deckkraft der Blende. Durch Hinzufügen von Griffpunkten kann man zudem die Deckkraft eines Clips ändern.

6 Erläutern Sie kurz, worin sich die Videoeffekte von den Überblendungen unterscheiden.

Die Videofilter werden im Gegensatz zu den Überblendungseffekten auf den Clip selbst angewendet. Konkret handelt es sich dabei um Funktionen, die ein Bild vollständig verfremden können. Vielleicht kennen Sie solche Verfremdungseffekte von Ihrem Bildbearbeitungsprogramm her, wo Sie einmal aus Spaß Ihre Fotos „verunstaltet" haben.

7 Wie funktionieren eigentlich die Effektfilter?

Es kommt darauf an, ob es sich um einen reinen Effektfilter oder einen Korrekturfilter handelt. Während es bei der ersten Gattung mehr um den optischen Reiz geht, versucht die zweite Art mit Mitteln, die von der Bildbearbeitung herrühren, das Rohmaterial zu verbessern.

8 Was können Korrekturfilter?

Korrekturfilter verzerren ein Bild nicht, sondern korrigieren beispielsweise nachträglich die Farbanteile, hellen dunkle Stellen auf oder schärfen ein Bild.

9 Was kann man gegen unscharfe Aufnahmen unternehmen, bei denen man Details mehr schlecht als recht erkennen kann?

Wenn die Aufnahmen nicht deutlich genug sind und Sie Details mehr schlecht als recht erkennen können, sollten Sie es mit einem Filter für die Schärferegulierung probieren.

Ü7 Übungen zu Kapitel 7

1 Erläutern Sie, ob es eine Möglichkeit gibt, mit Premiere analoge Toninformationen zu digitalisieren.

Liegt die Toninformation analog vor, muss sie zunächst digitalisiert werden. Das ist mit Premiere Pro nicht möglich und Sie müssen auf ein externes Programm ausweichen. Das ist, insbesondere wenn Sie Windows verwenden, jedoch nicht tragisch, da jedes Windows-System über einen einfachen Audiorecorder verfügt, der problemlos von Premiere Pro aus aufgerufen werden kann.

2 Nennen Sie die gängigsten Tonqualitätsstufen.

Als Anhaltspunkt für eventuelle Qualitätsstufen können Sie von folgenden Werten ausgehen: Qualität beim Telefonieren ca. 8.000 Hz; schlechter Radioempfang in Mono ca. 11.025 Hz; Stereoempfang einer Radiostation im UKW-Bereich ca. 22.050 Hz; beste CD-Wiedergabequalität ca. 44.100 Hz.

3 Nennen Sie ein paar Möglichkeiten, wie man in Premiere Ton bearbeiten kann.

Sie haben mehrere Möglichkeiten, einen Audioclip zu bearbeiten: direkt beim Einfügen des Clips im Monitorfenster, durch Anpassungen im Schnittfenster, über die Abstimmung in einem virtuellen Mischpult oder durch Anwenden eines Audioeffekts.

4 Zeigen Sie auf, wie man am intuitivsten die Lautstärke einstellen kann.

Die intuitivste Einstellung der Lautstärke, insbesondere im Hinblick auf das Ein- und/oder Ausblenden, stellen die Lautstärkelinien dar. Um diese sichtbar zu machen, müssen Sie zunächst auf den kleinen Pfeil am linken Rand der Spurbezeichnung klicken.

5 Beschreiben Sie kurz, wie Sie eine Hintergrundmusik anheben.

Man aktiviert das *Zeichenstift-Werkzeug*, zeigt damit auf eine beliebige Stelle der gelben Linie, drückt die [Strg]-Taste und zieht die Linie nach oben.

6 Was ist der Audiomixer und wie ruft man ihn auf?

Mit dem Audiomixer können Sie intuitiv den Lautstärkepegel und die Tonschwenk-/Balanceeinstellungen von mehreren Audiospuren anpassen, während Sie sich die Audiospuren anhören und die Videospuren ansehen. So lässt sich wie in einem Tonstudio der Ton nahezu perfekt abmischen und kontrollieren. Standardmäßig wird Ihnen der Audiomixer nicht angezeigt. Um ihn auf den Bildschirm zu bringen, stehen Ihnen zwei Möglichkeiten zur Auswahl: Sie rufen den Menüeintrag *Fenster / Arbeitsbereich / Audio* auf oder Sie wählen den Menüpunkt *Fenster / Audiomixer*.

7 Erläutern Sie kurz die Funktion der Pegeleinstellung.

Die Pegeleinstellung für eine Spur wird direkt unterhalb des Lautstärkereglers in Dezibel (dB) angezeigt. Man kann einen Pegel festlegen, indem man in diesem Feld einen Wert zwischen *+6* und *-∞* (was völliger Stille entspricht) vorgibt. Zudem wird der Audiopegel optisch über die Aussteuerungsanzeige links vom Lautstärkeregler angezeigt. So erkennt man schnell, wenn der Pegel zu hoch ist und es zu einer Übersteuerung oder Verzerrung kommt, denn dann leuchtet die kleine LED-Anzeige rot auf.

8 **Beschreiben Sie, wie man an die Audioeffekte gelangt und welche Auswirkung sie auf die Toninformation haben.**

An die Audioeffekte gelangt man über den Menüeintrag *Fenster / Effekte einblenden*. Anschließend klickt man auf die Kategorie, die der eingesetzten Rechnerkonfiguration entspricht. Im Regelfall wählt man die wohl am häufigsten vorkommende Variante *Stereo*. Die Audiofilter werden zum einen zur Korrektur und zum anderen für Effekte verwendet.

Ü8 Übungen zu Kapitel 8

1 Erläutern Sie die Schritte, die erforderlich sind, um ein einzelnes Bild aus einem Videoclip in Photoshop abzuspeichern.

Möchte man ein einzelnes Bild eines Videoclips bearbeiten, muss das betreffende Bild zunächst aus Premiere exportiert und dann in Photoshop geladen werden. Dazu ruft man den Menüeintrag *Datei / Exportieren / Frame* auf. Es erscheint das Dialogfenster *Frame exportieren*, mit dessen Hilfe man die Standbilder im Windows-Bitmap-Format abspeichern kann.

2 Wie findet man in einem Clip am schnellsten eine Schnittmarke?

Das Auffinden einer Schnittmarke in einem längeren Clip geht am schnellsten über das Kontextmenü *Gehe zur Clipmarke*. Man klickt dazu mit der rechten Maustaste im Monitorfenster auf den Clip und ruft das Menü auf.

3 Erläutern Sie, wozu ein Filmvorspann dient und wie man ihn in Premiere einstellt.

Mit einem Filmvorspann überprüft man, ob die Audio- und Videospuren richtig funktionieren und synchronisiert sind. Um einen solchen Vorspann zu erstellen, rufen Sie über das Menü *Datei / Neu / Allgemeiner Filmvorspann* das Dialogfenster *Allgemeiner Filmvorspann einstellen* auf.

4 Erklären Sie kurz, wie man in Premiere Titel erstellt.

Mit dem Bedienfeld *Titel* kann man sehr eindrucksvolle Titel erstellen. Aufgerufen wird es über *Datei / Neu / Titel*. Daraufhin öffnet sich ein neues, leeres Fenster, das ist der Titelgenerator, mit dessen Hilfe Sie Titel erstellen können.

5 **Kennen Sie eine Möglichkeit, mit wenigen Handgriffen einen eindrucksvollen Titel zu erstellen?**

Mithilfe des Bedienfeldes *Titel* ist das möglich. Dieses Programmmodul ermöglicht es, entweder einen völlig neuen Titel eigenhändig zu erstellen oder eine der enthaltenen Vorlagen zu laden. So enthalten die zahlreichen Vorlagen in einem eigenen Fenster viele verschiedene Konfigurationen für den Titelbereich, die bei der Erstellung eines Titels hilfreich sein können oder die man gleich in ein Projekt übernehmen kann. Um sie betrachten zu können, klickt man im Titeldesigner auf die Schaltfläche *Vorlagen*.

6 **Wieso werden im Vorschaufenster des Bedienfeldes *Titel* Ränder eingeblendet und was hat es damit auf sich?**

Diese Bereiche sind beim Bearbeiten von Fernseh- und Videofilmmaterial hilfreich, denn bei den meisten Fernsehgeräten wird das sogenannte *Overscan*-Verfahren angewendet. Hierbei werden die äußeren Ränder eines Bildes abgeschnitten, wodurch die Mitte des Bildes vergrößert wird. Bei dem äußeren Rand handelt es sich um einen *Rand für geschützte Aktionen*, bei dem inneren Rand dagegen um den *Rand für geschützte Titel*.

7 **Was ist ein Hot-Text-Steuerelement?**

Dabei handelt es um ein Steuerelement in Form von unterstrichenen, interaktiven Werten, die leicht angepasst werden können, ohne dass dazu Eingaben in ein Dialogfeld gemacht werden müssen.

8 **Legen Sie kurz dar, was man tun muss, damit in einen Titel Bewegung kommt, und worin die Unterschiede bei den Bewegungen liegen.**

Man verwendet rollende oder kriechende Titel. Titel, die sich vertikal über das Bild bewegen, werden rollende Titel genannt, Titel, die sich horizontal über das Bild bewegen, dagegen kriechende Titel. Beide eignen sich hervorragend zur Kreation eines Abspanns. Um einen solchen Titel zu erstellen, muss man im Titeldesigner zunächst unter dem Menüpunkt *Titeltyp* die gewünschte Option *Rollen* oder *Kriechen* auswählen.

9 **Was enthält ein Abspann?**

Es handelt sich um eine Zusammenstellung der am Film beteiligten Personen, die am Ende eines Films gezeigt wird. Leider werden seit einigen Jahren die Abspanne im Fernsehen meist weggeschnitten oder mit Werbung „gewürzt", sodass man oftmals interessante und wichtige Informationen zum Film nicht erhält.

Ü9 Übungen zu Kapitel 9

1 **Welches ist in Premiere Pro die zentrale Stelle für die Vorbereitungsmaßnahmen für die Erstellung eines Films?**

Alle Exportoptionen finden Sie im Untermenü des Menüs *Exportieren*, das man durch Aufruf des Befehls *Datei* erhält.

2 **Zählen Sie auf, welche grundlegenden Schritte durchlaufen werden müssen, wenn ein Film aus Premiere exportiert werden soll.**

Um einen Film zu exportieren, ruft man den Befehl *Datei / Exportieren* auf und klickt in dem folgenden Dialogfenster *Exporteinstellungen* als Erstes auf das Listenfeld *Format*, um alle hardwareunabhängigen Formate einzusehen, die Premiere erstellen kann.

3 **Erläutern Sie kurz die Exportformate Microsoft AVI, QuickTime, Adobe Flash Video und Windows Media.**

Die Abkürzung *AVI* steht für *Audio Video Interleave* und bedeutet so viel wie paralleles Audio und Video. Es handelt sich hierbei um kombinierte Audio- und Videodateien, die sich mit der Medienwiedergabe unter Windows abspielen lassen. Bei *QuickTime* handelt es sich um die von der Firma Apple entwickelte Multimedia-Architektur für Mac OS und Windows. Das Format *Flash Video (*.flv)* ist das Videoformat der Firma Adobe, das dazu verwendet wird, Videodateien über das Internet zum Adobe Flash Player zu transportieren und damit abzuspielen. *Windows Media* ist das Format der Firma Microsoft und das durch sehr gute Kompressionsraten glänzt. Deshalb eignet es sich insbesondere für den Interneteinsatz.

4 Welche Bedeutung hat das Format Flash Video?

Das Format *Flash Video (*.flv)* ist das Videoformat der Firma Adobe, das dazu verwendet wird, Videodateien über das Internet zum Adobe Flash Player zu transportieren und damit abzuspielen. Das Format zeichnet sich dadurch aus, dass Webseiten mit Videos auf allen Rechnern angezeigt werden können, auf denen der Adobe Flash Player installiert ist. Fast alle bedeutenden Videoportale wie *YouTube*, *Clipfish* oder *MyVideo* setzen mittlerweile auf dieses Format. Adobe bemisst zudem diesem Format einen hohen Stellenwert bei, was man u. a. daran erkennt, dass beim Öffnen des Dialogfensters *Exporteinstellungen* das Format *Adobe Flash Video* bereits voreingestellt ist.

5 Erläutern Sie stichpunktartig die Schritte, die notwendig sind, um einen Film auf das Videoband zurückzuspielen.

Zunächst schaltet man das Aufnahmegerät ein und stellt es auf *Play* (oder VCR-Modus). Dann ruft man in Premiere den Menüpunkt *Datei / Exportieren / Auf Band ausgeben* auf und erhält das Dialogfenster *Auf Band ausgeben*, in welchem man die eine oder andere Einstellung vornehmen kann.

6 Gibt es eine Möglichkeit, direkt von Premiere Pro eine DVD zu erstellen?

In Premiere Pro CS6 gibt es keine integrierte Funktion *Auf DVD ausgeben* mehr. Um menübasierte DVDs oder Blu-ray Discs zu erstellen, benötigen Sie zusätzlich *Adobe Encore* oder Sie verwenden ein externes Brennprogramm wie beispielsweise *Nero Burning ROM*.

Teil III: Anwenden

A1 Anwenden

In diesem Teil soll das im ersten Teil erworbene Wissen anhand eines kleineren, komplexen, durchgängigen Praxisbeispiels angewendet und umgesetzt werden. Es geht gewiss nicht darum, Roland Emmerich Konkurrenz zu machen, sondern Sie sollen den Ablauf eines Projekts kennenlernen. Welches Videomaterial Sie dabei verwenden, ist nebensächlich. Aber vielleicht ist das ja der Anlass, endlich mal den verstaubten Videostapel zu entrümpeln und ein Projekt fertigzustellen. Viel Spaß und Erfolg!

Ein Projekt anlegen

1 Starten Sie Premiere Pro! **Los geht's!**

2 Im Startfenster von Premiere Pro klicken Sie auf die Schaltfläche *Neues Projekt*.

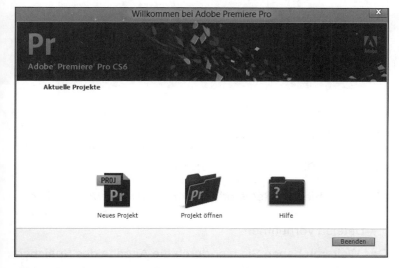

Neues Projekt anlegen

Abb. A1.1: Das neue Projekt anlegen

Sie erhalten das Dialogfenster *Neues Projekt*, das aus zwei Registerkarten besteht.

Auf der Registerkarte *Allgemein* können Sie die *Bereiche für geschützte Aktion und geschützten Titel* einstellen, Vorkehrungen für das *Anzeigeformat* von *Video* und *Audio* treffen und das *Aufnahmeformat* der *Aufnahme* festlegen.

3 Diese Einstellungen belassen Sie im vorliegenden Fall.

4 Im unteren Teil stellen Sie über das Listenfeld *Speicherort* den Speicherort des Projekts ein.

5 Anschließend können (und sollten) Sie dem Projekt einen Namen geben, im Beispiel ist das Miniaturwunderland.

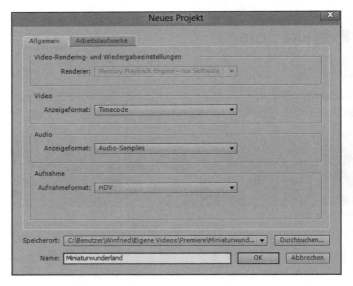

Abb. A1.2: Die allgemeinen Einstellungen

6 Wenn Sie zur Registerkarte *Arbeitslaufwerke* wechseln, können Sie weitere Einstellungen zum Abspeichern der Dateien vornehmen.

Des Weiteren haben Sie hier durch die Angabe des Speicherplatzes auch die Möglichkeit, rechtzeitig einen anderen einzustellen.

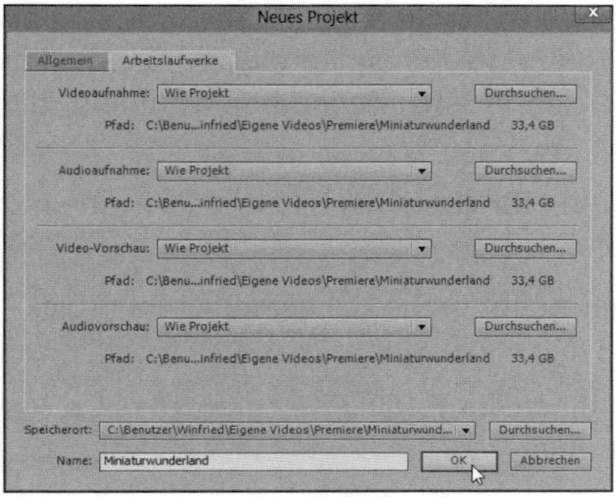

Abb. A1.3: Konfigurationsmöglichkeiten der Arbeitslaufwerke

7 Haben Sie alle Einstellungen getroffen, verlassen Sie das Dialogfenster mit einem Klick auf *OK*.

Sie gelangen in das Dialogfenster *Neue Sequenz*.

Abb. A1.4: Das Dialogfenster *Neue Sequenz*

Haben Sie schon einmal ein Projekt angelegt und gar eine eigene Vorgabe erstellt, dann wird diese bereits angezeigt. Andernfalls befinden Sie sich in einer Standardeinstellung, die im Folgenden geändert wird.

Im Beispiel soll eine DVD für das Abspielen auf dem heimischen Fernseher erstellt werden.

Projekt anlegen

In diesem Dialogfenster nehmen Sie die eigentlichen Projekteinstellungen vor:

[8] Wählen Sie die Einstellung *DV-PAL* und die Option *Widescreen 48kHz* aus.

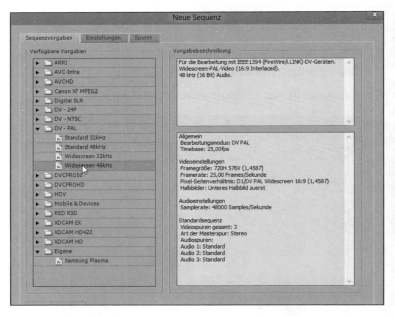

Abb. A1.5: Diese Einstellungen nehmen Sie vor

Die dadurch vorgegebenen Einstellungen können Sie dem Bereich *Vorgabebeschreibung* entnehmen. Um die Einstellungen zu verfeinern, müssen Sie einige Angaben selbst treffen.

[9] Klicken Sie dazu am oberen Rand des Dialogfensters auf die Registerkarte *Einstellungen*.

Abb. A1.6: Wechseln Sie auf die Registerkarte *Einstellungen*

Auf dieser Karte können Sie die erforderlichen Einstellungen für die Bereiche *Video* und *Audio* vornehmen.

> Nachdem Sie Ihre Einstellungen getätigt haben, sollten Sie sie unter einem eigenen Namen abspeichern. In Zukunft können Sie dann rasch mit Ihren bevorzugten Einstellungen starten. Wie das geht, erfahren Sie weiter unten.

10 Folgende Einstellungen sollten Sie überprüfen:

- Im Beispiel wurde für das *Pixel-Seitenverhältnis* die Variante *D1/DV PAL (1,0940)* gewählt, da das Video auf einem 16:9-Bildschirm abgespielt werden soll. Besitzen Sie noch einen älteren Fernseher, dann sollten Sie sich für die erste Variante entscheiden, da diese für die 4:3-Bildschirme vorgesehen ist.

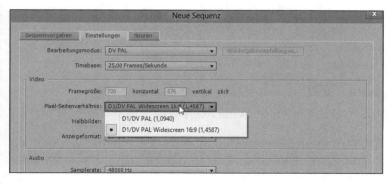

Abb. A1.7: Widescreen ja oder nein?

- *Halbbilder:* In den meisten Videos besteht jeder Frame aus zwei Halbbildern. Ein Halbbild enthält die ungeraden Zeilen des Frames, das andere die geraden Zeilen.

Abb. A1.8: Was haben Sie vor?

- Wenn Sie mit Videovollbildern (beispielsweise im *Bearbeitungsmodus Desktop*) arbeiten, sollten Sie die Option *Keine Halbbilder (Progressive-Scan)* wählen. Dabei gilt es allerdings zu beachten, dass viele Aufnahmekarten Halbbilder aufnehmen, obwohl Sie Vollbildmaterial aufgenommen haben.

Die Vorgaben des Bereichs *Audio* können Sie so belassen. Insbesondere die *Samplerate* von *48000 Hz* ist ausreichend.

11 Wechseln Sie auf die Registerkarte *Spuren*.

Abb. A1.9: Die Registerkarte *Spuren*

12 Verringern Sie die Videospuren auf *2*, indem Sie unterhalb der Ziffer klicken und dann das Hot-Spot-Steuerelement (den Regler) nach links ziehen.

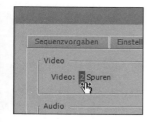

Abb. A1.10: Die Spuren verringern

Gleiches gilt es für die Spuren im Bereich *Audio*.

13 In diesem Bereich müssen Sie die betreffende Spur mithilfe des Kontrollkästchens aktivieren und anschließend über die Schaltfläche mit dem Minus-Zeichen (*Ausgewählte Spuren löschen*) entfernen.

Abb. A1.11: Eine Audiospur löschen

Nach so vielen Einstellungen ist es hilfreich, diese zu sichern, sodass man beim nächsten Mal darauf zugreifen kann.

14 Klicken Sie auf die Schaltfläche *Vorgabe speichern*, die sich im unteren Bereich des Dialogfensters befindet.

15 Im folgenden Dialogfenster *Einstellungen speichern* vergeben Sie einen *Namen*, unter dem diese Eingaben im Projekteinstellungsfenster erscheinen sollen. Zusätzlich können Sie noch im Feld *Beschreibung* erläuternde Anmerkungen machen.

Abb. A1.12: Die Angaben zu den getroffenen Einstellungen

16 Schließen Sie dieses Fenster mit *OK* und verfahren Sie mit dem Fenster *Neue Sequenz* ebenso.

Das Programm richtet nun den Arbeitsbildschirm ein. Sie befinden sich danach im *Arbeitsbildschirm* von Premiere Pro und können mit der eigentlichen Arbeit beginnen.

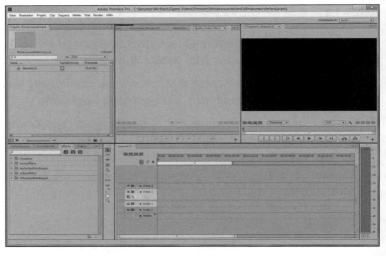

Abb. A1.13: Jetzt kann es losgehen!

Videoclips vorbereiten

Nachdem Sie ein Projekt angelegt haben, fehlt Ihnen nur noch das Arbeitsmaterial, sprich die Videos, damit es losgehen kann.

Im Folgenden wird davon ausgegangen, dass die Videos bereits auf Ihre Festplatte übertragen wurden und somit nur noch geöffnet werden müssen.

Demzufolge muss Premiere nur noch wissen, wo sich auf Ihrem Computer die Clips befinden, damit sie übertragen werden können.

1 Rufen Sie die Menüfolge *Datei / Importieren* auf oder betätigen Sie die Tastenkombination `Strg` + `I`.

2 Im folgenden Dialogfenster *Importieren* stellen Sie den Speicherort der Clips ein.

3 Klicken Sie beispielsweise auf den Link *Bibliotheken* und wählen Sie dann *Videos* und die eventuell weiteren Unterordner aus.

Abb. A1.14: Den Speicherort der Clips einstellen

4 Anschließend markieren Sie den bzw. die Clips, die Sie benötigen.

Ziehen Sie dazu entweder mit der Maus einen Auswahlrahmen um die Clips oder markieren Sie einen einzigen Film und betätigen Sie dann [Strg] + [A], um alle vorhandenen Clips zu markieren. Möchten Sie nur einzelne Clips haben, dann klicken Sie diese nacheinander mit gedrückter [Strg]-Taste an.

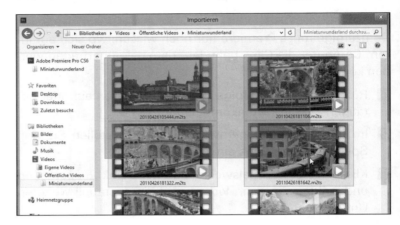

Abb. A1.15: Die Clips mit einem Auswahlrahmen markieren

5 Danach klicken Sie auf *Öffnen*.

Die Medien werden hinzugefügt, was je nach Umfang ein wenig dauern kann. Den Fortschritt können Sie in einem kleinen Fenster verfolgen.

Abb. A1.16: Die Medien werden importiert

6 Der bzw. die aufgenommenen Clips befinden sich anschließend im Projektfenster.

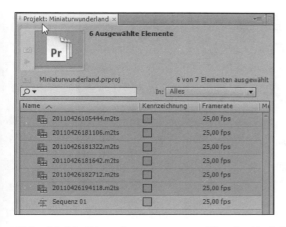

Abb. A1.17: Die aufgenommenen Clips im Projektfenster

7 Führen Sie einen Doppelklick auf einen der Clips aus.

Dadurch wird dieser in das Vorschaufenster geladen und Sie können ihn dort betrachten.

Abb. A1.18: Einen aufgenommenen Clip betrachten

8 Klicken Sie im Fenster auf die Schaltfläche *Abspielen/ Stopp* bzw. drücken Sie die [Leer]-Taste, um ihn zu betrachten.

Abb. A1.19: Den aufgenommenen Clip ansehen

Betrachten Sie zunächst einmal alle Clips, damit Sie mit dem Inhalt vertraut werden. Dabei werden Sie gewiss feststellen, dass man im Regelfall etwas mehr aufgenommen hat, als die eigentliche Szene benötigt, oder eine Störung auftrat, die es zu beseitigen gilt. Im konkreten Beispiel beginnt bei der Einfahrt eines Zuges in einen Bahnhof gerade die Nachtphase, welche sich durch eine rötliche Färbung des Films bemerkbar macht.

Die Stellen, die man verwerten kann, markiert man mit In- und Out-Points.

Szenen eingrenzen

▌1▐ Starten Sie also das Abspielen des Clips und stoppen Sie durch Betätigen der [Leer]-Taste oder mit einem Klick auf die Schaltfläche *Abspielen/Stopp* an der Stelle, an der Sie in die Szene einsteigen möchten.

▌2▐ Um den ersten in der Sequenz entscheidenden Frame festzulegen, klicken Sie an besagter Stelle auf die Schaltfläche *In-Point markieren* oder betätigen die [I]-Taste.

▌3▐ Starten Sie das Video wieder durch Betätigen der [Leer]-Taste oder mit einem Klick auf die Schaltfläche *Abspielen/Stopp*.

Abb. A1.20: Die entscheidende Stelle durch einen In-Point markieren

4 Haben Sie die Stelle gefunden, an der Sie aussteigen möchten, dann betätigen Sie abermals die [Leer]-Taste oder klicken auf die Schaltfläche *Abspielen/Stopp*, um das Video wieder anzuhalten.

5 Sind Sie dabei über das Ziel „hinausgeschossen", dann können Sie sich mithilfe der Schaltflächen *Schritt zurück* bzw. *Schritt vorwärts* Frame für Frame an die gewünschte Stelle heranarbeiten.

6 Diese Stelle legen Sie durch Klicken auf die Schaltfläche *Out-Point markieren* oder Betätigen der Taste [O] fest.

Abb. A1.21: Das Ende der Szene durch einen Out-Point markieren

7 Kontrollieren Sie den Abschnitt einmal, indem Sie auf die Schaltfläche *Von In bis Out abspielen* klicken.

Diese Schaltfläche ist allerdings oft nicht sichtbar, da Premiere nicht alle Schaltflächen standardmäßig anzeigt.

8 Um auf diese Schaltfläche zugreifen zu können, müssen Sie zunächst auf die Schaltfläche *Schaltflächeneditor* (die Sie an dem Plus-Zeichen erkennen) klicken.

Dadurch werden alle Schaltflächen in einem vergrößerten Bereich eingeblendet.

9 Jetzt können Sie auf die Schaltfläche *Von In bis Out abspielen* klicken.

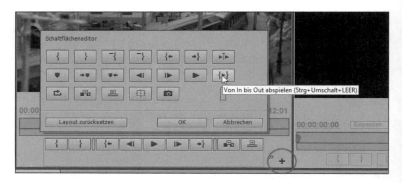

Abb. A1.22: Auf die weiteren Schaltflächen zugreifen

&An dieser Stelle ist es sehr hilfreich sich die Tastenkombination [Strg] + [⇧] + [Leer] zu merken.

Diese Szene soll aus dem Originalclip herausgeschnitten werden. Deshalb bietet es sich an, zuvor ein Duplikat zu erzeugen.

Arbeiten mit Duplikat

10 Achten Sie darauf, dass dieser Clip markiert ist, und rufen Sie dann die Menüreihenfolge *Bearbeiten / Duplizieren* auf.

Das Duplikat wird sofort im Fenster *Projekt* platziert.

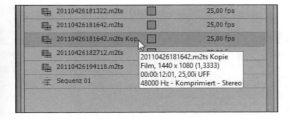

Abb. A1.23: Der duplizierte Clip

Wie Sie sehen, hat Premiere an den vorhandenen Namen den Zusatz *Kopie* angehängt. Dieser soll durch einen aussagekräftigeren Namen ersetzt werden.

11 Markieren Sie die Clipkopie und rufen Sie das Menü *Clip / Umbenennen* auf oder drücken Sie [Strg] + [H].

12 Überschreiben Sie dann den vorhandenen Namen durch den neuen.

Abb. A1.24: Benennen Sie die Kopie um

Bei diesem Clip sollen der In- und der Out-Point gelöscht werden.

1 Klicken Sie auf die Schaltfläche *Zu In-Point gehen*, damit die Markierung gelöscht werden kann.

Abb. A1.25: Zum In-Point gehen

Die benötigte Schaltfläche ist ebenfalls nicht sichtbar, sodass Sie zunächst den Schaltflächeneditor öffnen müssen.

2 Klicken Sie auf die Schaltfläche *In-Point löschen*.

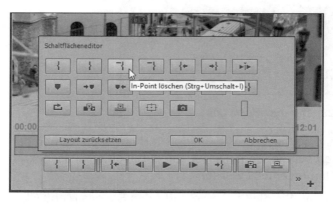

Abb. A1.26: Den In-Point löschen

3 Bestätigen Sie mit *OK*.

Bereiten Sie nun alle Clips auf die gezeigte Weise auf.

Videos arrangieren

Sind alle Clips geklärt, dann gilt es, diese anzuordnen. Zentraler Ort dafür ist das Schnittfenster. Sinnvollerweise erstellen Sie sich dafür ein Drehbuch. Das muss natürlich nicht den Umfang eines Filmdrehbuchs haben. Es genügt, wenn Sie sich im Vorfeld Gedanken machen, wie die einzelnen Szenen aufeinanderfolgen sollen. Hilfreich ist es, wenn Sie sich diesen Ablauf auf ein Stück Papier notieren.

Szenen anordnen

1 Aktivieren Sie das *Auswahlwerkzeug*.

2 Wählen Sie den ersten Clip im Projektfenster aus.

3 Ziehen Sie ihn bei gedrückter linker Maustaste in das Schnittfenster.

4 Ziehen Sie ihn an den linken Rand und lassen Sie die Maustaste los.

Und schon platziert Premiere Pro den Clip an der gewünschten Stelle.

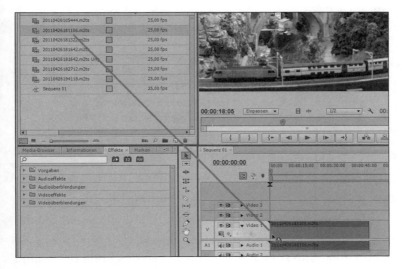

Abb. A1.27: Den ersten Clip platzieren

Bevor es weitergeht, passen Sie zunächst die Ansicht so an, dass Sie ausreichend Platz auf der Zeitleiste zur Verfügung haben.

- **1** Aktiveren Sie das *Zoom-Werkzeug*.
- **2** Zeigen Sie auf den Clip und klicken Sie so lange, bis Ihnen die Darstellung zusagt.

Abb. A1.28: Passen Sie die Darstellungsgröße an

Der nächste Clip soll auf der zweiten Spur platziert werden. Diese ist gegenwärtig noch eingeklappt, sodass die Platzierung etwas diffizil ist. Damit Sie exakter arbeiten können, sollten Sie als Nächstes die Spur *Video 2* aufblenden.

1 Klicken Sie deshalb auf die Schaltfläche *Spur zusammenfalten/erweitern*, um die Spur aufzuklappen.

Abb. A1.29: Die Spur erweitern

2 Ziehen Sie anschließend den Clip mit den In- und Out-Markierungen hinter den ersten. Allerdings legen Sie ihn diesmal auf der Spur *Video 2* ab.

Den neuen Clip sollten Sie möglichst an das Ende des ersten ziehen, da der neue wie von einem Magneten an den ersten geführt wird.

Da Sie bei diesem Clip die betreffende Szene mit In- und Out-Points markiert hatten, wird auch nur diese Szene auf der Spur angezeigt.

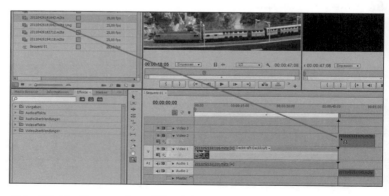

Abb. A1.30: Den zweiten Clip einfügen

3 Ziehen Sie einen dritten Videoclip wieder auf die Spur *Video 1*.

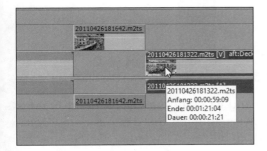

Abb. A1.31: Den dritten Clip platzieren

Da dieser Clip von einer Restszene befreit werden soll, lassen Sie sich bei diesem die Frames anzeigen.

Zunächst aber sollten Sie den Clip näher an die Einstellungsleiste heranbringen.

1 Zeigen Sie auf den mittleren Anfasser der Bildlaufleiste und ziehen Sie diese nach rechts.

Abb. A1.32: Die Ansicht verschieben

2 Klicken Sie dann auf die Schaltfläche *Anzeigestil festlegen* und wählen Sie aus dem Menü *Frames einblenden* aus.

Abb. L1.33:
Blenden Sie die Frames ein

Für den Schneidevorgang ist es besser, wenn mehr Frames angezeigt werden. Gewiss könnten Sie das mit dem *Zoom-Werkzeug* erreichen, doch dieses Mal werden Sie die Ansichtsteuerung der Bildlaufleiste verwenden.

1 Zeigen Sie dazu auf eines der beiden Quadrate am Anfang bzw. Ende der Bildlaufleiste.

2 Halten Sie die Maustaste gedrückt und ziehen Sie nach innen.

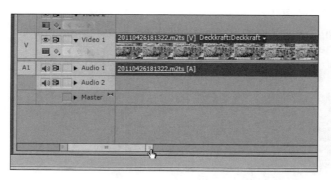

Abb. A1.34: Die Anzahl der gezeigten Frame erhöhen

Je nach Umfang werden nun weitere Frames angezeigt.

Videos schneiden

Nachdem Sie auseichend Frames erkennen können, ist die Szene, an der geschnitten werden soll, leichter auszumachen.

1 Fahren Sie mithilfe des Aktuellbildanzeigers die Stelle an, an der Sie schneiden möchten.

Clip schneiden

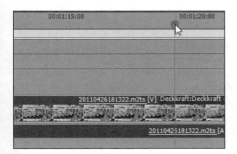

Abb. A1.35: Fahren Sie die zu schneidende Stelle an

2 Klicken Sie auf die *Rasierklinge*, um sie zu aktivieren.

3 Positionieren Sie den veränderten Mauscursor an der Stelle, die Sie abtrennen wollen.

Für ein genaues Ausrichten sollten Sie dabei auf den kleinen grauen Strich achten, der Ihnen die entscheidende Stelle auf den Einheiten des Lineals anzeigt.

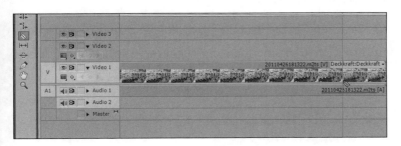

Abb. A1.36: Vorbereitung für den Schnitt

4 Klicken Sie einmal mit der Maus.

An dieser Stelle wird der Clip nun getrennt.

Abb. L1.37:
Der getrennte Clip

5 Begeben Sie sich an das Ende der Szene und führen Sie diesen Schritt abermals durch.

6 Wechseln Sie auf das *Auswahlwerkzeug* und klicken Sie auf die herausgeschnittene Stelle.

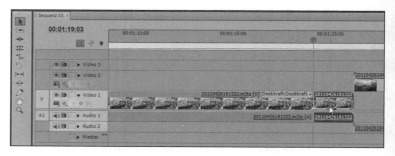

Abb. A1.38: Die geschnittene Szene

7 Drücken Sie die Taste [Entf], um diese Szene zu entfernen.

Sofern sich danach noch ein weiterer Clip befindet, bleibt eine Lücke zurück.

Abb. L1.39:
In dieser Lücke befand sich die Szene

Diese Lücke gilt es nun zu schließen.

8 Klicken Sie mit der rechten Maustaste und bestätigen Sie das Menü *Löschen und Lücke schließen*.

Lücke schließen

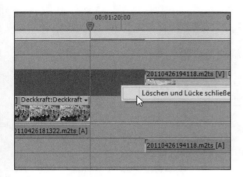

Abb. A1.40: Die Lücke schließen

Danach ist die Lücke geschlossen.

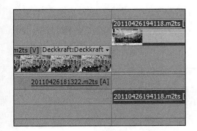

Abb. A1.41: Die Lücke ist zu

Platzieren Sie abschließend die restlichen Clips.

Videos betiteln

Der kleine Film soll nun mit einem Titel und einem Abspann versehen werden. Diese gilt es zunächst zu gestalten.

1 Rufen Sie die Menüreihenfolge *Datei / Neu / Titel* auf.

Titel kreieren

2 Im Dialogfenster *Neuer Titel* können Sie erst einmal die Anpassungen für das Video vornehmen und einen entsprechenden Namen eintragen, beispielsweise Miniaturwunderland.

Abb. A1.42: Dem Titel einen Namen geben

3 Bestätigen Sie mit *OK*.

4 Im folgenden Fenster klicken Sie zunächst auf die Schaltfläche *Hintergrundvideo anzeigen*, um den Text besser erkennen zu können.

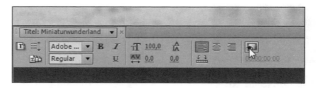

Abb. A1.43: Das Durchblenden des Videos ausschalten

Das Hintergrundvideo wird ausgeblendet und Sie erhalten eine gekachelte Oberfläche.

5 Aktivieren Sie nun das *Textwerkzeug* und klicken Sie mitten in das Bild.

6 Tippen Sie dann den Titel über die Tastatur ein.

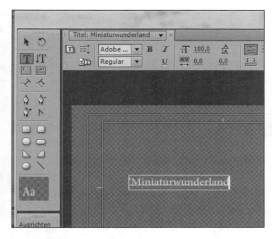

Abb. A1.44: Den Titel eingeben

7 Formatieren Sie den Titel mithilfe der Einstellungsmöglichkeiten der Registerkarte *Titelfenster-Eigenschaften* nach Ihren Vorstellungen.

8 Rascher geht es, wenn Sie auf einen der zahlreichen Vorgabestile am unteren Rand des Fensters klicken und ihn dann noch mit den verschiedenen Optionen auf der rechten Seite an Ihre Vorstellungen anpassen.

Abb. A1.45: Mit den Stilen formatiert man schneller

9 Aktivieren Sie die Schaltfläche *Hintergrundvideo anzeigen*, um das aktuelle Videobild zu sehen.

Abb. A1.46: Das Hintergrundvideo anzeigen

10 Aktivieren Sie das *Auswahlwerkzeug* und verschieben Sie den Schriftzug an die gewünschte Stelle.

Abb. A1.47: Den Text verschieben

11 Um den Text etwas größer wirken zu lassen, zeigen Sie auf den mittleren unteren Anfasser und ziehen diesen ein wenig nach unten.

Abb. A1.48: Den Schriftzug anpassen

12 Ist alles zu Ihrer Zufriedenheit, schließen Sie den Titeldesigner über das *Schließen*-Feld.

Der Titel befindet sich nun im Bedienfeld *Projekt*.

Abb. A1.49: Der Titel in dem Bedienfeld *Projekt*

Wenn Sie mehr als einen Titel kreieren, sollten Sie eine eigene Ablage mithilfe der Schaltfläche *Neue Ablage* erstellen und den bereits erstellten Titel dort hineinziehen.

Er soll als starrer Titel eingefügt werden und die Zuschauer auf das Kommende einstimmen.

13 Ziehen Sie den Titel auf die Spur *Video 2*.

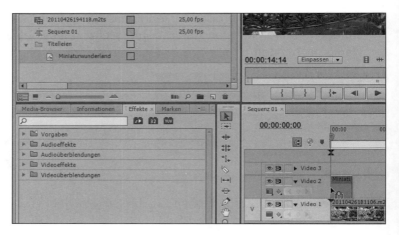

Abb. A1.50: Den Titel auf die Spur ziehen

Falls er zu kurz oder zu lang ist, passen Sie ihn an.

14 Zeigen Sie dabei auf das Ende des Clips und ziehen Sie ihn auf die gewünschte Länge.

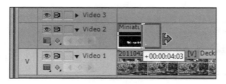

Abb. A1.51: Die Anzeigedauer des Titels verlängern

Um mehr Aufmerksamkeit zu erregen, soll der Titel zunächst allein präsentiert werden, bevor dann das Video durchscheint.

Deshalb müssen Sie die eingefügten Videoclips nach hinten verschieben. Dazu müssen allerdings alle Clips markiert sein.

15 Klicken Sie bei gedrückter ⇧-Taste nach und nach alle Videoclips an.

Abb. A1.52: Markieren Sie die Videoclips ...

16 Ziehen Sie dann die Clips bei gedrückter Maustaste nach rechts.

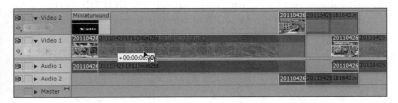

Abb. A1.53: ... und ziehen Sie diese nach rechts

Jetzt fehlt nur noch der Abspann.   **Abspann**

17 Rufen Sie erneut die Menüreihenfolge *Datei / Neu / Titel* auf und benennen Sie den Titel, beispielsweise mit Abspann.

Abb. A1.54: Der Abspann für unseren Film

18 Bestätigen Sie mit *OK*.

19 Klicken Sie dann im Titelfenster auf die Schaltfläche *Rollen/Kriechen-Optionen*.

Abb. A1.55: Die Animationseinstellung des Abspanns aufrufen

20 Im folgenden Dialogfenster wählen Sie den Titeltyp *Rollen* aus und stellen die gewünschten Optionen (beispielsweise *In Bildschirm herein*) ein.

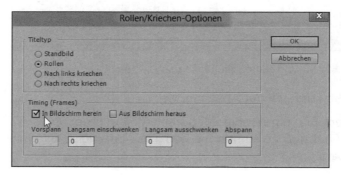

Abb. A1.56: Die *Rollen/Kriechen-Optionen*

21 Bestätigen Sie mit *OK*.

22 Anschließend geben Sie noch den gewünschten Text ein und formatieren ihn nach Ihren Vorstellungen.

23 Wenn Sie fertig sind, schließen Sie das Fenster über das *Schließen*-Feld.

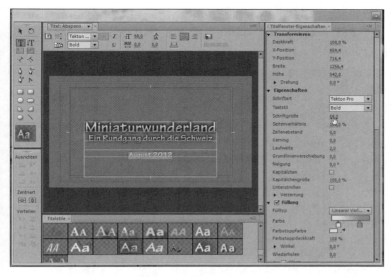

Abb. A1.57: Den Abspann gestalten

Nun müssen Sie den Abspann nur noch am Ende des Films platzieren.

24 Klicken Sie auf den Titel und ziehen Sie ihn ans Ende der bislang platzierten Clips.

Da der Abspann mit den letzten Bildern laufen soll, müssen Sie darauf achten, dass beide Clips gleich abschließen.

Abb. A1.58: Den Abspann platzieren

Im Vorschaumonitor können Sie gleich einmal das Ergebnis begutachten.

25 Ziehen Sie die Markierung an die entsprechende Stelle und klicken Sie dann auf die Schaltfläche *Abspielen/ Stopp*.

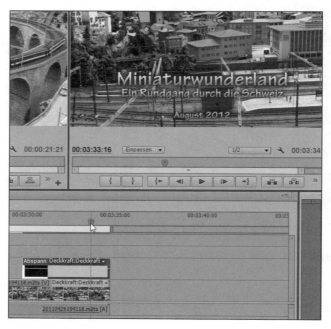

Abb. A1.59: Das war es!

Videoüberblendungen

Bislang wurde Clip an Clip platziert, sodass ein harter Schnitt entsteht. Mithilfe eines Überblendungseffekts soll das nun ein bisschen verändert werden.

1 Rufen Sie die Menüreihenfolge *Fenster / Arbeitsbereich* auf und wählen Sie das Untermenü *Effekte*.

Überblen-
dungseffekt

2 Im folgenden Dialogfenster klicken Sie auf die Hauptkategorie *Videoüberblendungen*.

3 Nachdem diese aufgeklappt ist, suchen Sie im Bereich *Blende* den Eintrag *Weiche Blende*.

4 Klicken Sie darauf und ziehen Sie nun bei gedrückter linker Maustaste auf den Anfang des Clips, den Sie weich einblenden wollen.

Abb. A1.60: Eine weiche Blende anlegen

5 Lassen Sie dann die Maustaste los, um den Effekt an dieser Stelle zu platzieren.

6 Führen Sie einen Doppelklick auf den Effekt aus, um ihn im Bedienfeld *Effekteinstellungen* weiter anzupassen.

Abb. A1.61: Den Überblendeffekt weiter anpassen

Videos vertonen

Nachdem der Ablauf des Films feststeht, soll noch eine Hintergrundmusik eingefügt werden.

Hintergrundmusik

1 Wählen Sie die Menüfolge *Datei / Importieren*.

2 Wählen Sie den Ablageordner mit der Musikdatei aus, markieren Sie diese und befördern Sie sie mit einem Klick auf *Öffnen* in das Projektfenster.

Abb. A1.62: Eine Hintergrundmusik ins Projekt importieren

3 Nun müssen Sie nur noch auf den Audioclip zeigen und ihn mit gedrückter linker Maustaste in die entsprechende Audiospur *(Audio 2)* ziehen (siehe Abbildung A1.63).

Da die Hintergrundmusik den Film nur begleiten soll, muss die Lautstärke angepasst werden.

Die Lautstärke können Sie recht einfach und intuitiv bestimmen. Hierbei ist es hilfreich, wenn nur der Name des Clips eingeblendet ist (siehe Abbildung A1.64).

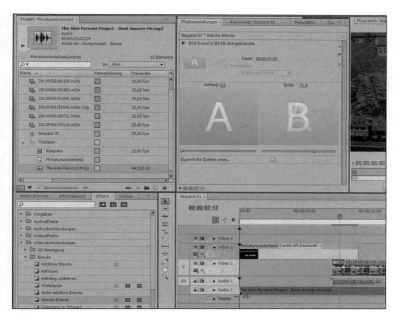

Abb. A1.63: Den Audioclip auf die Spur *Audio 2* ziehen

4 Ist das nicht der Fall, klicken Sie auf die Schaltfläche *Anzeigestil festlegen* und wählen den Eintrag *Nur Namen einblenden* aus.

5 Falten Sie dann die Spur mit einem Klick auf die Schaltfläche *Spur zusammenfalten/erweitern* auf.

6 Danach aktivieren Sie über die Schaltfläche *Keyframes anzeigen* den Menüpunkt *Clip-Keyframes einblenden*.

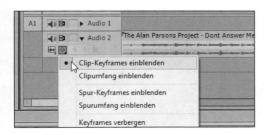

Abb. A1.64: Die Clip-Keyframes einblenden

7 Mit dem *Zeichenstift-Werkzeug* ❶ ziehen Sie nun die Linie ❷ ein wenig nach unten, um die Lautstärke zu senken.

Abb. A1.65: Die Lautstärke senken

Video veröffentlichen

Ausgabe des Films

Zum Schluss muss der Film nur noch auf das von Ihnen bevorzugte Medium gebracht werden, sei es als Datei, Disk oder zurück auf die Digitalkamera.

Glossar

Gibt die Anzahl der Bildpunkte pro Bildzeile an. Video- wie auch Fernsehbilder bestehen aus einzelnen Bildpunkten, die nacheinander übertragen und angezeigt werden. Die Auflösung bestimmt sich bei einem Videobild aus der (horizontalen) Anzahl der Bildpunkte pro Bildzeile und der (vertikalen) Anzahl der Zeilen pro Bild. Bei dem in Deutschland üblichen PAL-Verfahren gibt es 576 sichtbare Zeilen, die aus je 768 sichtbaren Bildpunkten bestehen. Die Auflösung, die sich daraus ergibt, beträgt somit 768 x 576 Punkte. **Auflösung**

Die Abkürzung steht für Advanced Video Codec High Definition (aus dem Englischen für „Fortgeschrittener Video-Codec hoher Auflösung"). Es handelt sich dabei um ein digitales Aufzeichnungsformat für Consumer- und Prosumer-Camcorder mit bandloser Aufzeichnung auf digitale Datenträger, wie zum Beispiel DVDs, SD-Karten, Memory Sticks, Festplatten oder Festspeicher. Dieses Format wurde gemeinsam von den Unternehmen Matsushita (Panasonic) und Sony entwickelt, die auch die Markenrechte daran halten. **AVCHD**

Die Abkürzung steht für Audio Video Interleave und bedeutet so viel wie paralleles Audio und Video. Es handelt sich hierbei um kombinierte Audio- und Videodateien, die sich mit der Medienwiedergabe unter Windows abspielen lassen. Unter dem Betriebssystem Windows tragen die Videodateien meist die Endung *.avi*. Maximal sind in diesem Format 4 GB adressierbar. **AVI-Dateien**

Englisch für „fangen" bzw. „gefangen nehmen". Oftmals auch als *Grabbing* bezeichnet. Bei der Videobearbeitung steht dieser Ausdruck für das Mitschneiden eines laufenden Videos bzw. das gleichzeitige Überspielen auf einen Computer. **Capturing/Capture**

Bedeutet das Digitalisieren von Videosignalen und das Speichern der Daten auf der Festplatte eines nicht linearen Schnittsystems. Korrekt verwendet trifft dieser Begriff nur auf das Digitalisieren analoger Videodaten zu. Beim digitalen Videoschnitt spricht man von einem Kopiervorgang.

Cinchstecker Eine aus Amerika stammende Steckerart, die mittlerweile über die Stereoanlagen bzw. VHS-Videorekorder auch in Europa weit verbreitet ist. Cinchstecker haben, wie das mit ihnen verbundene Kabel, einen Innen- und einen Außenkontakt.

Codec Kunstwort aus Compressor und Decompressor. Es handelt sich dabei um einen Softwaretreiber, der die Komprimierung bei der Aufnahme und die Dekomprimierung bei der Wiedergabe eines Videos steuert. Darunter versteht man das Prinzip, einen unkomprimierten Video- und/oder Audiostrom nach einem definierten Algorithmus zu komprimieren und wieder entschlüsseln zu können. Es gibt eine Reihe von Codecs, die festlegen, in welches Dateiformat das fertige Material umgewandelt werden soll (AVI, QuickTime usw.).

Datentransferrate Die Datentransferrate ist eine Maßzahl, die beschreibt, wie viel Megabyte Daten pro Sekunde kontinuierlich von einer Festplatte gelesen bzw. geschrieben werden können. Ist die Datentransferrate einer Festplatte zu niedrig, so kommt es zu Bild- oder Tonaussetzern bei der Aufnahme bzw. Wiedergabe einer Videodatei. Wenn Sie dem abhelfen wollen, muss die Kompressionsrate der Videoschnittkarte erhöht werden. Allerdings zieht das eine Verschlechterung der Bildqualität nach sich.

DV Die Abkürzung DV steht für Digital Video. Hierbei handelt es sich um einen sich immer mehr durchsetzenden Standard, der im Gegensatz zu den bisher verbreiteten Systemen durchgängig mit digitaler Aufzeichnung arbeitet. Darüber hinaus beschreibt die Abkürzung den Standard für ein neues Bandsystem (wie HI 8 oder S-VHS).

DVD — Digital Versatile Disk. Speichermedium, das nach und nach die CD-ROM ablöst und bis zu 17 GB Speicherplatz ermöglicht.

Exportieren — Vom Exportieren einer Datei spricht man, wenn ein Programm eine Datei in einem Dateityp abspeichert, dessen Bearbeitung mit diesem Programm normalerweise nicht vorgesehen ist. Premiere Pro kann beispielsweise Einzelbilder so abspeichern, dass sie mit Photoshop bearbeitet werden können.

Firewire — Unter dieser Bezeichnung ist die IEEE-1394-Schnittstelle allgemein bekannt, ein ursprünglich von Apple entwickeltes universales Bussystem mit einer maximalen Übertragungsbandbreite von 400 Mbit/s zur Übertragung digitaler Daten, welches in Konkurrenz zum verbreiteten USB-System steht.

Flash Video — Das Format *Flash Video (*.flv)* ist das Videoformat der Firma Adobe, das dazu verwendet wird, Videodateien über das Internet zum Adobe Flash Player zu transportieren und damit abzuspielen. Das Format zeichnet sich dadurch aus, dass Webseiten mit Videos auf allen Rechnern angezeigt werden können, auf denen der Adobe Flash Player installiert ist.

Frame — Unter einem Frame versteht man ein Einzelbild eines digitalen Videos. Allerdings handelt es sich hier mehr um eine theoretische Größe, da der Videostrom eigentlich aus Halbbildern (Fields) besteht. Nach gängiger Norm entspricht eine Sekunde Film je nach Fernsehnorm 25 oder 30 Frames.

Halbbild — Für ein bewegtes Bild reichen 25 Bilder pro Sekunde völlig aus, um dem menschlichen Auge die Illusion einer fließenden Bewegung zu vermitteln. Da eine Fernsehröhre jedoch häufiger beschrieben werden muss, um nicht zu flimmern, wurde das Zeilensprungverfahren (auch unter der Bezeichnung *Interlaced* bekannt) erfunden. Dazu wird jedes der 25 Vollbilder in zwei Halbbilder zerlegt, wobei das erste Halbbild alle Zeilen mit ungeraden Zeilennummern besitzt und das zweite Halb-

	bild alle geraden Zeilen. Diese Halbbilder werden nun mit der doppelten Frequenz (50 Hz) hintereinander und dabei ineinander verschachtelt übertragen.
HDV	HDV (*High Definition Video*) ist ein Videoformat, das entwickelt wurde, um HDTV-Videos mittels herkömmlicher Videoausrüstung aufzuzeichnen. Es wurde von den Firmen Sony und JVC entwickelt und wird mittlerweile von zahlreichen Firmen unterstützt.
IEEE 1394	Ist ein ursprünglich von Apple entwickeltes universales Bussystem zur Übertragung digitaler Daten. Einzelheiten siehe unter Firewire.
Interlaced	Ein Videostream, der aus Halbbildern aufgebaut wird. Im Gegensatz dazu arbeitet ein progressiver Videostream mit Vollbildern.
In- und Out-Points	Im Allgemeinen legt man den Anfangs- und Endpunkt eines Clips erst dann genau fest, wenn er in das Schnittfenster aufgenommen werden soll. Diese Arbeit erledigt man mit sogenannten In- bzw. Out-Points. Der In-Point bezeichnet dabei den ersten Frame eines Clips und der Out-Point den letzten, der in dem Film erscheinen soll.
Keyframe	Als Keyframe bezeichnet man ein Bild, welches die gesamte Information speichert. Keyframes findet man vor allem bei Kompressoren, die nur die Unterschiede zwischen den Bildern speichern. An bestimmten Eckpunkten, etwa weil die Szene wechselt, wird dann ein Keyframe *gesetzt.*
Klinkenstecker	Steckerart, die es in zahlreichen Varianten gibt. Am bekanntesten sind die mit 2,5, 3,5 und 6,3 mm. Sie werden oft für den Anschluss von Kopfhörern benutzt.
Kompressionsfaktor	Darunter versteht man den Faktor (deshalb auch oft *Kompressionsrate*), um den die Datenmenge des Videosignals nach

der Kompression verringert wurde. 4:1 bedeutet so z. B. eine Komprimierung auf ein Viertel der ursprünglichen Datenmenge.

Komprimieren Beim Komprimieren werden die Daten eines Video- oder Audioclips so verschlüsselt, dass sie beim Abspeichern wesentlich weniger Platz als ursprünglich benötigen. Allerdings sind der Komprimierung Grenzen gesetzt. So führt eine zu starke Komprimierung zu Qualitätsverlusten, das Bild rastert grob auf und der Ton wird unverständlich.

Linearer Videoschnitt Beim linearen Videoschnitt ist die zeitliche Reihenfolge der Szenen beim Rohmaterial und beim geschnittenen Video gleich. Die Szenen werden nicht umsortiert, sondern nur verworfen oder gekürzt. Ein solcher Schnitt ist schon mit einem Zuspieler und einem Rekorder ohne größeren Aufwand möglich.

MTS Mit der Endung MTS werden Dateien im AVCHD-Format (Advanced Video Codec High Definition) versehen.

Nicht linearer Videoschnitt Im Vergleich zum linearen Videoschnitt kann man bei dieser Schnittmethode auch Szenen problemlos aus der Mitte des Schnittprojekts herausnehmen, ohne wie beim linearen Videoschnitt alle darauffolgenden Szenen neu schneiden zu müssen. Mit einem Programm wie Premiere Pro können Sie so nahezu alle Ihre Vorstellungen verwirklichen.

NTSC Bezeichnet die amerikanische Fernsehnorm. Bilder solcher Systeme können auf einem im europäischen Raum üblichen PAL-System nicht angezeigt werden. NTSC hat folgende Eigenschaften: 525 Fernsehzeilen, davon 480 sichtbar, 60 Halbbilder/s.

Overlay Beim Overlay schreibt die Hardware, etwa in Form einer Videokarte, direkt in den Arbeitsspeicher der Grafikkarte und umgeht so den Prozessor.

PAL	Bei PAL handelt es sich um eine in Deutschland von Professor Walter Bruch für die Firma Telefunken entwickelte Norm für die Übertragung eines Farbbildes. Seit 1966 ist es der von der internationalen Normungsgruppe festgeschriebene Farbfernsehstandard in nahezu dem gesamten europäischen Raum.
Progressiv	Bezeichnung eines Datenstroms, der aus Vollbildern zusammengesetzt ist.
QuickTime	Seit 1991 gibt es für alle Apple-Computer die Betriebssystemerweiterung QuickTime, die Digitalvideos auf jedem Macintosh skaliert abspielt. Es handelt sich um ein Format, das eine hardwareunabhängige Wiedergabe von Videos erlaubt und von allen gängigen Schnittprogrammen direkt unterstützt wird, sodass eine Kodierung nicht notwendig ist.
Timeline	Der Begriff *Timeline* ist im Prinzip nur eine andere Bezeichnung für das Schnittfenster, welches Ihnen eine schematische Ansicht Ihres Programms einschließlich aller Video-, Audio- und Überlagerungsspuren bietet. Genauer gesagt ist die Timeline der Teil der Arbeitsoberfläche von Videoschnittprogrammen, auf dem die Clips angeordnet werden.
Trimmen	Unter Trimmen versteht man die Möglichkeit, einen bestimmten Bereich innerhalb eines Clips herauszuschneiden. Dabei werden alle Bereiche, die sich außerhalb des Trimmbereichs befinden, gelöscht.
Überblendung	Häufig eingesetzte Schnittmethode, bei der im Vergleich zum harten Schnitt zwei aufeinanderfolgende Filmteile weich ineinander überführt werden. Während die eine Sequenz langsam ausgeblendet wird, wird die neue langsam eingeblendet.
USB	Die Abkürzung steht für *Universal Serial Bus* und ist ein serielles Bussystem zur Verbindung eines Computers mit externen Geräten. Mittlerweile gibt es drei Generationen, wobei USB

2.0 eine nutzbare Datenrate in der Größenordnung von rund 40 MB/s und USB 3.0 von 300 MB/s bietet.

VHS Abkürzung für *Video Home System*. System, das von der japanischen Firma JVC entwickelt und 1975 auf den Markt gebracht wurde. Es setzte sich gegen die Systeme Beta (der Firma Sony) und Video 2000 (Philips) durch und wurde zum Weltstandard. Durch das Vordringen der DVD-Rekorder steht aber auch seine Ablösung bevor.

Video für Windows Microsoft stellte Video für Windows ein Jahr nach der Einführung der Windows-Variante von QuickTime vor. Video für Windows ist Bestandteil von Windows, arbeitet wie QuickTime verschiedene Codecs ab (zum Beispiel Indeo oder Cinepac), ist ebenfalls skalierbar und kann Hardware-Codecs integrieren.

Videoschnittkarte Eine Videoschnittkarte ist eine Einsteckkarte für den Computer, mit deren Hilfe Sie ein Videosignal eines Camcorders oder Videorekorders auf die Festplatte aufzeichnen können.

Videospur Auf einer Videospur werden die einzelnen Filmszenen platziert.

Videostream Ein Datenstrom (Stream), der Videodaten enthält.

WAV-Dateien Unter dem Betriebssystem Windows ist das gebräuchlichste Format für Audiodateien *Wave*, das Sie an der Endung *.wav erkennen können.

Zeilensprung Bei der in Deutschland üblichen PAL-Norm werden nur 25 Bilder pro Sekunde übertragen. Diese Tatsache an sich würde zu einem sehr flimmernden Bild führen, denn das Auge könnte diesen Bildwechsel noch wahrnehmen. Deshalb wendet man den Zeilensprung an. Dabei werden zuerst die ungeraden Bildzeilen, also die erste, die dritte, die fünfte usw., übertragen, ehe dann die geraden Zahlen folgen. Dadurch ergeben sich 50 Durchläufe, in denen jeweils ein „halbes" Bild gezeigt wird.

Index

Symbole

3D-Bewegung 165
*.wav 197

A

Abspann 257
Abspielen 75
Abspieler 194
Additive Blende 167
Adobe Bridge 108, 297
Aktuelle Projekte 92
Allgemeiner Filmvorspann 225
Analoge Medien 61, 292
Änderungspunkte 160
Anfangsbereich markieren 144
Anschlüsse 21
Ansichtsmodi 38
Anzeigeformat 52
Anzeigestil festlegen 116
Apple Macintosh 29
Arbeitsbereich 36
Arbeitsbildschirm 34, 322
Arbeitsspeicher 24
Audio 53
    Typen 56
Audioclip
    einfügen 205
Audioeffekte
    arbeiten mit 219
    wichtige 221

Audiomixer 215
    Lautstärkepegel 216
Audiorecorder 200, 204
Audiospur
    Audio 1 136
Audiotrack 195
Aufbereitung
    Clips 129
Auflösen 167
Aufnahme 62, 63, 71
    in Premiere Pro 62
    starten 71
    stoppen 73
    von Tondateien 194
Aufnahmeeinstellungen 66
Aufnahmeplanungen 77
Ausgabe
    als Datei 263
    auf ein Gerät mit DV-
    Gerätesteuerung 279
    auf ein Videoband 278
Ausrichten
    Aktivieren der Funktion 114
    Funktion 114
Auswahlwerkzeug 110
AVCHD 284

B

Balance
    verändern 217
Batchaufnahme 81

Bearbeitungsmodus 49
Bedienfelder 35, 41
   Arbeitsweise 41
   Audioeffekte 219
   Effekteinstellungen 220
   Titel 236, 253, 257
   Überblendungen 162
   Videoeffekte 181
Beliebig umkehren 167
Benutzerdefinierte
   Einstellungen 47, 318
Benutzeroberfläche
   anpassen 35
Bereitstellen
   des Schnittmaterials 61
Betriebssystem 25
B-Frame 274
Bild aus Photoshop
   reimportieren 234
Blenden 149, 161, 162
Blendeneigenschaften 156
Blendenfleckeneinstellungen 185
Blu-ray 284

C

Camcorder 62
Capturen 20
CD 18
   rippen 196
CD-Ripper 195
CD-ROM 264
Cinchstecker 20
Cinepac 357
Clip
   Aktionen 118
   aus Schnittfenster entfernen .. 145

Aussehen im Schnittfenster ... 112
   auswählen 100
   exportieren 229, 307
   im Schnittfenster anordnen .. 109,
   113, 332
   im Schnittfenster verschieben 118
   im Storyboard anordnen 93
   in das Schnittfenster ziehen .. 111,
   330
   Leeraum löschen 136
   löschen 120
   passgenau aneinander ausrichten 113
   überlagern 151, 301
   umbenennen 121
   verwalten 124
   Clip duplizieren 99
Clipfish 272, 311
Codec
   Begriff 51, 290

D

Deckkraft 158
Deckkraftlinien 159, 302
Dehnen 169
Dialogfenster Aufgenommene
   Datei speichern 80
Digitale Medien 61, 292
   übertragen 64
Digitale Videobearbeitung 21
DV 21, 279
DVD 18, 264
DVD-Laufwerk 25
DV/HDV-Gerätesteuerung 69
DV-PAL 32, 46, 290, 318

E

Effekte 161, 219
  arbeiten mit........................... 181
  Auffalten 165
  Aufrollen (Mitte) 175
  Ausschwingen 165
  Bänder (Schiebeblende)......... 172
  Bänder (Schieber)................... 172
  Bänder (Wischen) 177
  Beliebige Blöcke 177
  Beliebig wischen 176
  Dehnen 170
  Dehnen und Stauchen 170
  Dialogfenster 163
  Einschub 177
  Einschwingen 165
  Einstellungen 220
  Einzoomen & Auszoomen 179
  Farbkleckse 177
  Farbverlauf 177
  Herausblättern 175
  Herausdrehen 166
  Hineinziehen 170
  Irisblende (Formen) 171
  Irisblende (Kreuz) 171
  Irisblende (Punkte)................. 171
  Irisblende (Raute) 171
  Irisblende (Rechteckig).......... 171
  Irisblende (Rund) 172
  Irisblende (Stern)................... 172
  Jalousie.................................. 177
  Keil (Wischen......................... 178
  Mehrfaches Drehen 173
  Problematik 149, 301
  Radiale Wischblende 178
  Schachbrett (Wischen)........... 178
  Schieben................................ 172
  Seite aufrollen 175
  Seite umblättern 175
  Spirale (Kästchen) 178
  Teilen...................................... 173
  Teilen (Mitte) 173
  Türen...................................... 166
  Überblendungen 167
  Übergang zu Weiß.................. 163
  Überschieben 174
  Überschieben (Kästchen)....... 174
  Überziehen............................. 170
  Uhr (Wischen 179
  Umdrehen 166
  Vertauschen 173
  Vorhang.................................. 166
  Wegdrehen 166
  Wegrollen............................... 175
  Wegschieben 173
  Welle (Kästchen).................... 179
  Windrad 179
  Wischen 179
  Würfel (Drehen) 167
  Zerschlitzen........................... 174
  Zoom...................................... 180
  Zoom (Kästchen) 180
  Zoom (Spuren) 180
Effektfilter
  Überblick................................ 184
Einstellungen 45, 48
  allgemeine 48
  Videovorschau 54
Einzelne Clips
  bearbeiten............................... 97
  mehrfach einsetzen 98

Export 264
    Einstellungen 229, 264
Exportiertes Bild
    in Photoshop bearbeiten 233

F

Festplattenkapazität 78
Filmaufnahme 63
Filmblende 168
Filmexport 265, 310
Filmvorspann 225, 307
Filter 219
    Effekteinstellungen 183
Firewire 21, 287
Frame
    Begriff 51, 290
    einblenden 135
    entfernen 145
    exportieren 307
    Größe 51

G

GEMA 192
Generieren 185
Gerätesteuerung 68
Gerätetyp 70
Gezieltes Schneiden 134, 299

H

Harter Schnitt 129, 130
    auf einer Spur 130
    auf zwei Spuren 131
HDV 21

Herausnehmen eines Frames und
    Schließen der Lücke 145
Hilfe 43
Hilfreiche Korrekturfilter 188
Hot-Text-Steuerelemente 245

I

IEEE 1394 .... 21, 279, 287
I-Frame 273
i-Link 21, 287
Importieren 106, 296
In-Point 78, 293, 299
    markieren 144
    setzen 79
Internet 264
In- und Out-Points 78, 137
    bei Tondateien 208
    im Monitorfenster setzen 141
    Iris 171

J

Jog-Shuttle 76

K

Kameraansicht 186
Kanalzuordnung 180
Keine Halbbilder 52, 320
    Progressive-Scan 52, 320
Keyframe hinzufügen/entfernen . 160
Kombinationskarte 21
Kompressor 55
Korrekturfilter 188
Kriechende Titel 257, 309

L

Langsame Wiedergabe 76
Lautstärke 211
Lautstärkelinien 304
Lautstärkepegel 216
   mehrere Spuren beein-
   flussen 218
Leitungsrauschen 222
   unterdrücken 222
Line-In-Buchse 201
Listenansicht 38
Loggen 81
Löschen und Lücke schließen ... 120, 137, 300
Lücke schließen 137, 300
Luminanz 181

M

Marke 229
   für die aktuelle Zeit 160
Master-Regler 216
Medien
   analoge digitalisieren 62
   digitalisieren 62
   von Premiere Pro unterstützte 106
Mediendateien
   im Schnittfenster anordnen ... 109
Mic-In-Buchse 203
Microsoft AVI 267, 310
Mischpult 215
Monitor 25
Monitorfenster 39, 208
   In- und Out-Points 141

MPEG 273
MPEG-2 274
MyVideo 272, 311

N

Nebengeräusch 215
Nero 196
   CD rippen 196
Neuer Arbeitsbereich 36
Neues Projekt 30, 290, 315
Nicht-additive Blende 168
Nicht linearer Schnitt
   Begriff 20

O

OpenType 242
Originalclips 38, 87, 294
Out-Point 78, 299
   markieren 144
   setzen 79, 82
Overscan-Verfahren 242, 308

P

PAL 229, 290
PAL-Norm 290
PCM Wav file
   Begriff 197
Pegeleinstellung 216, 305
   automatisch 216, 305
P-Frame 274
Photoshop 228
Pixel-Seitenverhältnis 51
Preset 32, 58

Programmfenster 34
Programmstart
    Apple Macintosh 29
    Windows 28
Progressive-Scan 52, 320
Projekt
    anlegen 45
    Einstellungen 48
Projekteinstellungen 30, 318
    laden 58, 290
    speichern 57
Projektfenster 74, 87, 288, 294
    aufräumen 295
    einrichten 93
Projektname 32
Projektspeicherort 32
Protokoll 41

R

Rand
    für geschützte Aktionen . 242, 308
    für geschützte Titel 242, 308
Rasierklinge 134
Rate ausdehnen 137
Registerkarte Einstellungen .. 47, 318
Rendern
    Begriff 104, 297
Rippen
    Begriff 195
Rohschnitt 91, 98
Rollen 138, 298
Rollende Titel 257, 309
    und kriechende Titel 257, 309
Rotation 166

S

Samplerate 53
Schachbrett 178
Schaltfläche
    Abspielen 75, 94
    In/Out 80
    In-Point markieren 326
    Langsame Wiedergabe 76
    Out-Point markieren 327
    Schneller Vorlauf 75
    Schritt vorwärts 75
    Schritt zurück 75
    Solospur 218
    Spur stummschalten 218
    Titelframe 95
    Umgekehrte langsame Wiedergabe 76
    Wiedergabe 97
    Zurückspulen 75
Schärfen 188
    oder Weichzeichnen 188
Scharfzeichner 188
Schieben 172
Schiebetüren 178
Schlagschatten 248
Schneiden
    Begriff 129
Schneller Vorlauf 75
Schneller Weichzeichner 188
Schnitt 91
    digitaler 77
    harter 129, 298
    linearer 19, 91
    mit der Rasierklinge 134

nicht linearer.................. 19, 91
per Drag & Drop 106
weicher .... 129 , 149
Schnittfenster 39, 92, 211
  Optionen 116
  Tonbearbeitung 211
Schnittmarke.................. 229
Schnitttechniken 134
Schriften.................. 242
Schritt vorwärts 75
Schritt zurück.................. 75
Seite aufrollen.................. 174
Sequenz 101
Sichere Ränder 60
Software-Codec.................. 55
Soundkarte 24
Spezialeffekte.................. 176
  Drei-D.................. 176
  Struktur.................. 176
  Versetzen.................. 176
Spezielle Schnitttechniken.................. 134
Spur.................. 55
  ausblenden 122
  entfalten 114
  gegen Veränderung
    schützen.................. 123
  hinzufügen 125
  löschen 126
  schützen.................. 123
  umbenennen 124
  Video.................. 111
  verwalten 122, 124
  zusammenfalten 114
Spurauswahl-Werkzeug.................. 124
Spurheaderbereich.................. 118
Standbild exportieren.................. 307
Startfenster 315

Startvorgang.................. 30
Status prüfen 71
Storyboard.................. 93, 295
Storyboard-Fenster 92
Strudel 187
SVCD.................. 274
S-VHS.................. 19, 20
Symbolansicht.................. 38
Szenen suchen 75, 76

T

Teilszene eindeutig markieren 144
Texteffekte.................. 248
Timebase 50
Timeline 112, 295
  Begriff.................. 39
Titel 235
  bewegter.................. 257
  einbinden in Film.................. 251
  Farbverlauf.................. 248
  in Videoclip einblenden 252
  rollende und kriechende 257, 309
  starrer.................. 251, 341
  Texteffekte 248
  Text eingeben.................. 243
Titelgenerator 236
Ton
  Audioverstärkung.................. 213
  Bässe und Höhen 222
  bearbeiten.................. 205
  Effekte 219
  Filter 219
  In- und Out-Points 208
  Lautstärke 211
  Leitungsrauschen 222
  Qualität.................. 202

Tonaufnahme
    von analoger Quelle 200, 304
    von digitaler Quelle 195
Tonbearbeitung 191
Tondateien 192
    importieren 192
    im Projektfenster 194
Toninformationen 136
    Qualität 201
Ton und Video 191
Trackliste 197
Tracks
    auslesen 199
    speichern 200
Transformieren 185, 186
Trimmen 79, 133
TrueType 242
TV-Karte 18
Typ-1 242

U

Überblendeffekte 162
Überblendung 129, 149, 151
    entfernen 158
    Möglichkeiten 165
Überblendungsspur 152, 301
Übergang
    zu Schwarz 168
    zu Weiß 168
Überschreiben 146
Umgekehrte langsame
    Wiedergabe 76
Unterschieben und Über-
    schieben 139

V

VCR 70
VCR-Modus 279, 311
Verstärken 222
Verwalten
    von Clips 124
Videoband 278
Videobearbeitung
    digitale 21
Videodateien
    abspielen 277
Videoeffekte 181, 184
Videofilter 181
Videoschnitt 17
Videoüberblendungen 162
Vorgabe speichern 57, 321
Vorlagen
    Titel 238, 308
Vorschau 104, 297
Vorschaufenster 156
Vorspann 225, 307

W

Weiche Blende 168
Weiche Überblendung 151
Weichzeichnen 188
Werkzeug
    Auswahl 110
    Hand 110, 296
    Rasierklinge 134
    Rate ausdehnen 138
    Rollen 138
    Überschieben 139
    Unterschieben 139

Zoom 110
Werkzeuge 110
Willkommensfenster 30
Windows 7 37
Windows 8 .... 29, 37
Windows Media 276
Windows Media Player 278
Wirbel 173
Wisch-Effekte 149
Wischen 176

Y

YouTube 272, 311

Z

Zeichenstift-Werkzeug 160
Zeitanzeige 52
Zeitleiste 39
Zeit-Zoomfaktor 135
Zoom-Effekte 149, 179
Zoomwerkzeug 115
Zu In-Point gehen 80
Zu Out-Point gehen 80
Zurückspulen 75
Zusammenziehen (Mitte) 174
Zuweisen-Effekte 180
Zwischentitel 253